JN302998

# 女たちが動く

from Miyagi

## 東日本大震災と男女共同参画視点の支援

みやぎの女性支援を記録する会【編著】

生活思想社

# もくじ

＊装幀・渡辺美知子（宮城女子力支援プロジェクト）
＊イラスト・島田千佳子（宮城女子力支援プロジェクト）

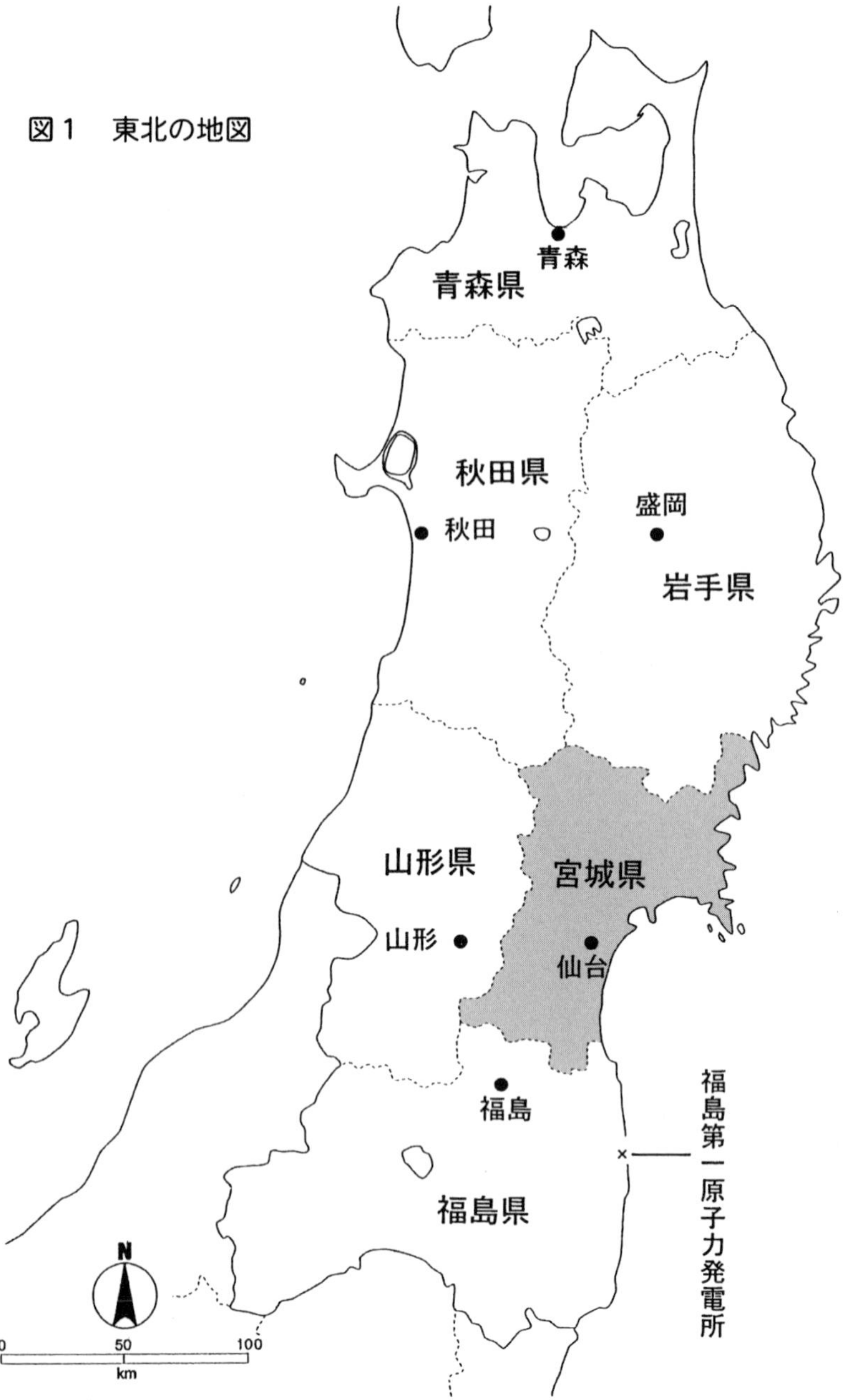


図１　東北の地図

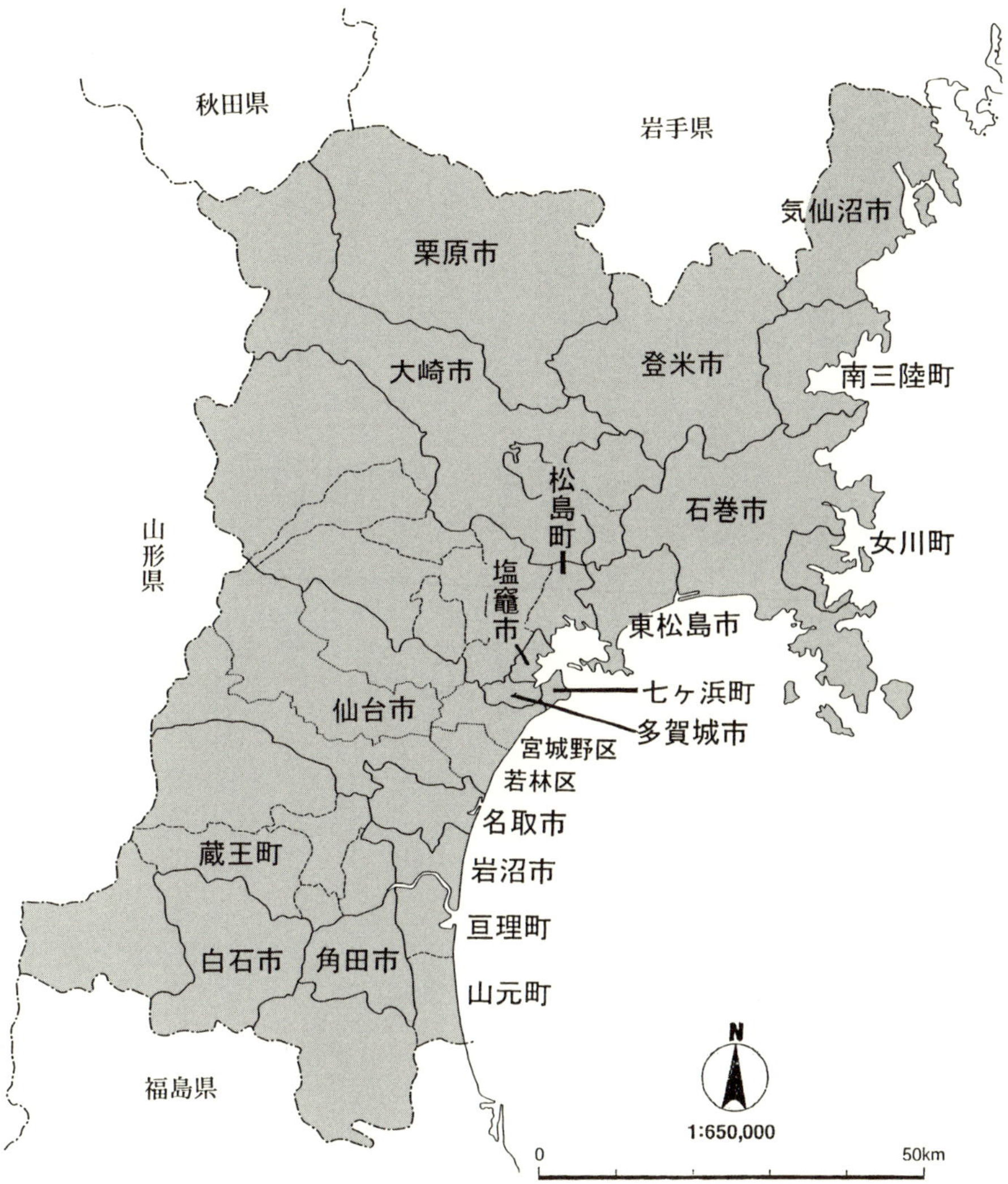
秋田県
岩手県
山形県
福島県
栗原市
気仙沼市
大崎市
登米市
南三陸町
松島町
石巻市
女川町
塩竈市
東松島市
七ヶ浜町
仙台市
多賀城市
宮城野区
若林区
名取市
蔵王町
岩沼市
亘理町
白石市
角田市
山元町
N
1:650,000
0
50km

図２　宮城県の地図

# 被災女性による被災女性のための支援記録――はじめに

東京駅から東北新幹線に乗ると一時間半余りで仙台に到着する。東京―仙台間は約三五〇キロメートルだから、東京を中心に円を描くと、仙台は名古屋とほぼ同じ円周上に位置する。その仙台は宮城県の中心都市で、県内の人口二三〇万人の半数近くが仙台市民である。仙台駅に降り立つと、パルコやロフトが入った高層ビルがいくつも立ち並び、人や車が賑やかに行き来して、宮城は一見震災から完全に復興したように見える。震災直後から二週間にわたって、駅は閉鎖され、駅前のペデストリアンデッキにも人影はなく、ひっそりと静まり返っていたことがウソのようだ。

しかし、駅前の高層ビルの最上階に上がれば、津波で何もなくなった仙台湾沿岸が見わたせる。緑豊かな食材王国・宮城の沿岸部は風光明媚なリアス式海岸が続いていたが、〈三・一一〉の巨大津波を境にその風景は一変した。海洋漁業や養殖、水産加工は壊滅的な打撃を受け、自宅の流失・損壊により、多くの人が仮設住宅での避難生活を余儀なくされている（二〇一二年二月二三日現在、東日本大震災による全国の仮設入居者数は二六万四〇〇〇人。「河北新報」二〇一二年三月一〇日）。仕事を失い、明日への展望が見えないなかでその日暮らしを強いられている被災者のなかには、見た目に過ぎない復旧・復興の落差にさえ、取り残されたような絶望感におそわれる人も少なくない。

東日本大震災の犠牲者・行方不明者は二万人近く（二〇一二年三月九日現在、一万九〇二一人）に及ぶ。阪神・淡路大震災のときの犠牲者は六四三四人だから、今回の震災は、阪神・淡路大震災が一挙に三つ発生したようなものだ。宮城県の犠牲者は一万人以上（一万一三〇一人）だから、宮城だけでもほぼ二つ分である。三月一一日の巨大地震は、地震に続く巨大津波と沿岸部での火災、そして東京電力福島第一原発事故による放射能汚染の複合災害となって、いまなお新たな被害を被災地はもちろん全国にもたらしつづけている。地元紙の河北新報にはいまも毎日、犠牲者数と生活関連情報が掲載されており、被災地はいまだ被災のただなかにある。本格的な復興はこれからだ。

がれきからのスタートは戦後の焼け野原からのスタートと重なると語った高齢の友人がいた。二〇一一年三月一一日は、被災地に生きる私たちにとって、一九四五年八月一五日と同じ重みをもつ日となった。宮城に生きる私たちにとって、大震災は近いうちに必ず起こるという認識があり、災害は他人事ではなかった。私たちは東日本大震災が発生するずっと以前から、阪神・淡路大震災や新潟県中越地震などから災害時における女性の問題を学びつづけた。

今回と同様の震災が全国のいつどこで発生しても不思議ではない今日、これから発生する震災の被害を少しでも軽減するために、私たちが体験したことを記録に残しておくことは被災地に生きる私たちの責務であると考えた。日々の暮らしのための仕事と次々と出現する復旧・復興の問題の対応に忙殺されるなかで、本書の出版を企画したゆえんである。

＊＊＊

本書の特徴は次の三点にまとめることができる。

第一は、本書は宮城の被災した女性たちが、同じく被災した女性たちの支援に取り組んだ記録、つまり、「女性たちによる女性たちのための支援の記録」だということである。

女性たちへの支援は、震災後、突如としてうまれたものではない。本書の最初に登場する女性グループ・ハーティ仙台は一九九九年、イコールネット仙台は二〇〇三年に設立されたが、両方とも母体となるグループが誕生したのはそれより一〇年以上前で、二〇年以上にわたって仙台を拠点に活動を積み重ねてきた老舗の草の根女性グループである。ハーティ仙台は、離婚、ＤＶ（ドメスティック・バイオレンス）、性被害に苦しむ女性の支援、イコールネット仙台は、女性センターの設立を求める取り組みから、現在は仙台市男女共同参画推進センター「エル・パーク仙台」の市民活動スペースの管理運営にたずさわると同時に女性団体の活動支援を行なってきた。一貫してひたすら女性に寄り添って活動をつづけてきたそのグループの女性たちが、これまでの女性支援の延長として、今回の震災の女性被災者支援にあたったのである。

この二つのグループに限らず本書に登場する女性たちはいずれも、みずから被災しつつも、被災者である女性たちに対して、じつにきめ細やかな支援を親身になって行なっている。被災者に対する支援は非当事者が行なうとはかぎらない。当事者だからこそできる支援がある。被災直後の被災現場での支援がそうである。女性支援もそうである。女性たちはこれまでの人生のなかで誰もが多かれ少なかれ、女性であるがゆえに理不尽な経験をしてきた。女性たちは、そうした経験を共有してきたからこそわかる皮膚感覚で、女性たちに寄り添い、きめ細やかな支援を積み重ねてきた。今回の被災女性への支援は、こうした日常の活動の積み重ねのなかからおのずとうまれたものであった。本書の主要部分を占める被災女性への支援は、一朝一夕に生まれたものではなく、これまでの女性支援の取り組みの積み重ねの結実と位置づけられるのは、こうした事情によるものである。

被災下で徹頭徹尾女性支援に取り組んだ結果見えてきたことは、しかし、女性支援が女性を超えた大きな普遍的な意味をもっているということであった。このことについては本書の結論の一つとして、終章にまとめてある。

＊＊＊

本書の第二の特徴は、被災女性に対する支援を地域の男女共同参画の取り組みの一環として、市民協働で取り組んだ記録でもあるということである。ハーティ仙台のやはたえつこ（八幡悦子）さんとイコールネット仙台の宗片恵美子さんの論稿には、支援に出向いたあちこちの避難所で、女性たちが洗濯に困っているという声をキャッチし、それがせんだい男女共同参画財団に集約されて、洗濯物を被災者から預かって洗濯をして届けるという〈せんたくネット〉が誕生した経過がそれぞれのサイドから報告されている。草の根の活動は、同じような支援をしていても、スタンスが少しずつ異なっていて、それが行政サイドの取り組みと連携して一つの形に集約されていく経過は、市民協働の一つのモデルケースとして高く評価できる。

登米《とめ》市で生まれた〈えがおねっと〉の設立の経過はユニークである。地域の男女共同参画社会形成の取り組みは全国各地で展開されているが、取り組みが進んでいるところはどこも、市民と行政との連携、市民協働がうまくかみあって進んでいるところである。今回の震災で地域の男女共同参画の取り組みが一時中断したところが多いなかで、登米市の〈えがおねっと〉の誕生とその活動は、自治体の男女共同参画の取り組みから端を発し、その実践として市民協働で取り組まれたケースである。〈えがおねっと〉の須藤明美さんの論稿は、このケースを市民サイドからまとめたもので、地域の男女共同参画の取り組みの参考になる。

＊＊＊

第三は、従来災害時に着目されてこなかった問題について、課題の掘り起こしを試みたことである。そのひとつは被災現場の第一線で働く女性たちの実情に着目したことである。そのケースとして、本書では自治体職員と新聞記者の実情をとりあげた。被災者支援は市民活動だけではない。その中核は自治体による業務であり、自治体職員は被災者支援の中核的担い手である。自治体職員の伊藤利花さんの論稿は、被災地の自治体職員の実態がいかに想像を絶するものであるかを生々しく報告している。

被災者に対してどのような情報をどのような形で、どのような時期に発信するかも重要な被災者支援である。河北新報社の佐藤理絵さんの論稿では、地元紙河北新報がいかに地元の読者・被災者目線で情報を発信し続けているかが、女性記者のサイドから臨場感あふれるタッチで紹介されている。

両者の論稿には、きれいごとではすまされない被災時のワーク・ライフ・バランス（仕事と生活の調和）の問題が提起されている。二人の文章から、ワーク・ライフ・バランスは女性だけのテーマではなく、現代日本が直面している普遍的な問題であることがわかる。震災は日常性の意味、女性視点の意味、男女共同参画の取り組みの意味だけでなく、仕事と生活のあり方についても大きな問題を投げかけた。私たちの仕事と生活を根底から揺るがした震災は、私たちの働き方、生活のあり方を根底から問い直させるきっかけとなった。両者の論稿は男女共同参画の重要課題であるワーク・ライフ・バランスのより深い意味を考えさせるものである。

着目されてこなかったテーマの二つ目はセクシュアルマイノリティ（性的マイノリティ）の問題である。性別によって秩序づけられたこの社会で生きにくい思いをしているセクシュアルマイノリティの当事者たちが、災害時、どのような問題を抱えるのかというテーマは、阪神・淡路大震災のときには十分意識されてはいなかった。

しかし近年になってようやくセクシュアルマイノリティの存在と人権を確保する取り組みが注目されるようになり、地方自治体の男女共同参画推進条例にもとりあげられるようになった。東日本大震災発生直前に成立した登米市の男女共同参画推進条例にも、東北で初めてセクシュアルマイノリティの人権に配慮するという項目が入れられた。この課題は歴史的にもまだ日が浅く、ましてや、当事者がカミングアウト（自身が当事者であることを公言すること）することさえ困難な状況がみられるなかでの被災時の支援活動はまだまだこれからである。そのなかでも、今回の大震災の避難所運営ではセクシュアルマイノリティに配慮した貴重なケースがあった。性と人権ネットワークＥＳＴＯ《エスト》の内田有美さんの論稿ではこうした貴重なケースがフォローされている。

高校生や大学生といった大人と子どもの中間に位置する世代をめぐるテーマも、被災時の支援分野としては十分着目されてこなかったテーマである。この世代は雇用破壊、貧困、性の暴力化・商品化など現代日本が直面している問題にさらされつづけているにもかかわらず、忘れられがちであり、制度の谷間に置かれている世代である。

被災地では高校や大学も、新学期が五月から始まるという初めての体験をした。被災した生徒・学生が学業を継続できるようにいかに支援するか、また、学生が安心して授業を受けられるように、新学期開始までに諸施設や教育機器をどうやって復旧するか、教職員も被災者でありながら学生と教育の支援に奔走した。本書では、みずから被災しながらも、多くの支援を受け、被災者支援のボランティアに取り組むなかで、大きく力をつけた女子大学生・山田優貴さんの手記を掲載した。

＊＊＊

被災地では今なお、「あの時何をしていましたか。ぶじでなにより」という挨拶が時候のあいさつ代わりになされている。東日本大震災の被災地はあまりに広大で、被災の形も被災者の数だけある。栗原市では震度7という最大級の大地震、太平洋沿岸では二〇メートルを超える大津波、そして福島では原発事故、一つとして同じ形の被災はない。本書に記録されていることは、被災地での膨大な女性たちの取り組みのごく一部にすぎない。

本書をきっかけとして、たくさんのうずもれた体験が掘り起こされ、貴重な体験が共有されて、全国の各地で、防災・災害時の男女共同参画が取り組まれることを願っている。

著者を代表して　**浅野富美枝**

［第１章］

# 草の根グループの女たちが動く

# みやぎジョネットの誕生――スタートはDV被害者支援から

やはたえつこ（特定非営利活動法人ハーティ仙台・代表理事、みやぎジョネット代表）

## 1　DV被害者支援・ハーティ仙台のはじまり

一九八九年、仙台で女性弁護士の呼び掛けにより、離婚相談を一五名の女性でスタートさせた。地道な活動は一〇年続き、一九九九年にハーティ仙台（のちにNPO法人化）となった。暴力被害女性、主にDV被害者や性暴力被害者支援を目的とし、電話や面接による相談、避難所（シェルター）の運営なども行なう。女性への暴力根絶のための啓発運動も、行政と連携して行なってきた。メンバーはそれぞれ仕事を持っている。

私は助産師で、一〇年の病院勤務を体験した後、仙台に来て三〇年近くになる。仕事は看護師・助産師・大学などの非常勤講師、母子保健相談や性教育、各種セミナーの講師などをしている。二〇代に離婚し、母子家庭を九年以上体験した後、仙台で再婚した。第一子は三〇代、第二子は二〇代である。離婚の相談活動を行なってから、自分の体験したことはDVだと学んだ。仕事で、被虐待児、その影響で犯罪・薬物などの反社会的行動に走った子どもにあう。そのような子どもとの出会いで、性教育という仕事と、体験から始まったDV・性暴力被害者支援の活動は、自分のなかで一体となった。

今回の記述は、震災の日からの出来事を思い出して、体験から思ったことを述べる。無論、これは、たまたま自分が出会った避難所、被災者のことで、すべてを意味することではないことをご承知おきいただきたい。

＊＊＊

三月一一日の震災時、私は大型量販店の四階の育児相談室で、乳児期の母親たちに育児講座を開催中だった。一〇組の母子を手伝い、階段を降りて店前の広場まで避難した。軽装の人々の上に、雪が降ってきた。三月にしては、寒い日だった。

私は、一〇年前から、月に一回、乳幼児の母子を対象に、被災に備えての準備や災害時の「地震対策」講座を開催していた。それだけ、近年宮城県は大きな地震が続いていた。続く余震のなか、母子や老年期の方のお世話を夕刻まで行なった。午後六時も過ぎて、母子もすべて帰ったので、私も自宅への帰路についた。暗い信号のない道路はどれだけ危険かと思ったが、予想外にスムーズに自宅についた。信号機が止まった交差点で、交通整理を行なっている市民がいて感激した。

寒い自宅で家族は居間に身を寄せ合った。停電のなか、手回し充電のラジオで、津波により多くの人が亡くなっているのを知った。四日目で電気がきても、テレビの津波の映像は見たくなかった。震災のために備蓄していた一三年も前の反射式ストーブが、暖房、灯り、炊事に大活躍した。余震が続くなか、着替えもせずに三日間すごし、本が散乱する部屋を片付け、ベッドに寝たのも一週間後。

大手の店の買い出しに四時間並んだ。自分は一五〇〇番目。それでも中間の位置だった。ひたすら列に並んでいるとき、「放射能の雨を受けるな」と東京の娘からメールが届いて戸惑った。隣県で原発大事故が起きていることを実感したが、目の前のことで精一杯だった。コンクリートの足元から冷えが昇り、夜に腹痛を起こして救急病院で二時間待ちの診療を受けた。仙台沿岸部で多くの人が津波で亡くなっている状況で、二時間で診療を受けられることに感謝した。

ようやくライフラインが揃って、自宅で入浴ができたのは一か月後だった。三月中はガソリンが手に入らず、故郷石巻への移動手段がないため、インターネットで親族・知人の消息を探る日々だった。ネットで次第に安否がわかった。援助に駆けつけられない自分が歯がゆかった。

ハーティ仙台の相談事務所は震災でドアが開かなくなり、外から壊して脱出した。古いビルなので命の危険を感じ、電話相談は三月いっぱい休止にした。

せんだい男女共同参画財団が、三月末「女性の震災ホットライン」を始めた。余震で電車は頻繁に止まり、ガソリン不足のためバスも間引き運転で、仙台から遠い相談員は通勤が困難だった。そこで自転車で動けるハーティ仙台のスタッフが相談業務を手伝った。確実に頼れるのは徒歩か自転車だった。

## 2　石巻のある避難所で見たこと・聞いたこと・考えたこと

### ◆「衝立はいらない」という男性リーダー

四月五日、ガソリンが入手できて、仙台から約五五キロの故郷の石巻通いを始めた。そして絶句した。故郷は壊滅的な被害を受けていた。親族のミキさん（仮名）は、両親も家も車も、自営の店と仕事も失ったが奇跡的に助かっていた。「生きていてよかったのか…」と茫然としながら避難所を転々としていた。津波被害の自宅二階に暮らす助産師の友人は、病院の過酷な仕事で過労となり肺炎を起こしていた。

避難所のミキさんを訪ねてびっくりした。ほぼ一か月たっても、学校の施設利用の広い避難所に仕切りがない。部屋の壁際に、醜悪な段ボールの箱が立ち、「更衣室」と書かれていた。しかし、利用する女性などだれもいなかった。ニュースであちこちの避難所に、様々な衝立があるのを見ていた私は、びっくりした。他の避難所には、段ボールベッドまで届いたとテレビが報じていた。さっそく市に、衝立の設置をお願いした。すると、同じ敷地の隣の避難所では衝立が立った。「お願いしたところでは、まだ衝立が立ちません」と再度行政に訴えた。返事は「調査したが、材料不足」だった。しかし、じつは材料はあるのだ。被災地の行政は、極限まで疲弊し人手も不足していた。返事がきただけでもすごいと思い、訴えるのはやめた。

ミキさんから津波被災の話と避難所の様子を詳しく聞いた。リーダーは自薦の六〇代男性。副リーダーは彼の親しい女性。自薦の売りは「大きな震災を体験してきた」こと、だそうだ。被災者は、それぞれ寝るスペースの頭部分に、荷物や段ボールをあるだけ積み重ね、かろうじて隣と仕切っているだけだった。

男性リーダーが「私たちは家族です。町内会のように親睦を深め、皆で連帯感を強めよう。故に衝立はいらない」と演説して、賛同の拍手を求めるそうだ。疲れ切った人々は、煽動され拍手をする。拍手をしない少数派の存在は無視される。被災者総勢一〇〇人以上の避難所。ミキさんの隣は知らない熟年男性。女性は、デパートの試着室より狭い段ボール更衣室は利用せず、毛布を体にかけてその下で着替えていた。これは震災から二か月たっても同じだった。

家庭内だって、プライバシーはドアで仕切るのに「町内会の親睦」とはなにを意味するというのだろう。「女性や子育てのニーズを踏まえた災害対応について（避難所等での生活に関する対応の依頼）」という内閣府の通達が出されたと聞いたが、届いているのだろうか、と思った。

### ◆何も語れず、相談窓口も知らない女性たち

彼女はコインランドリーに三時間、遺体安置所へ両親を探しに三時間と自転車で通っていた。津波の泥が土埃となって舞うなかを帰っても、入浴の時間に間に合わないと自衛隊のシャワーは浴びれなかった。私は清拭・洗髪用にアルコール瓶を差し入れたが、自由に使える女性専用の部屋もないという。「いつも、埃で汚れて気持ち悪い」と語ったが「とても遠慮で、意見など出せない雰囲気」だったという。親族としてリーダーに意見を述べたかったが、彼女が望まないのでできなかった。

リーダーの先導の下、誰も意見を言えない雰囲気だったそうだ。私は、まるで閉鎖的な村社会のようだと思った。リーダーの男性は、「電気の使用を控えましょう」を強調するので、消灯は午後八時と早い。彼女は、自分を失いたくなくて、夜中はイヤホーンでラジオを聞き続けていた。近くパソコンが入るらしいが一台だけとのこと。それも日々暮らす部屋に設置するらしい。つまり午後八時消灯なら、それ以後は使えないわけだ。消灯の八時まで、テレビも子ども番組が中心で、彼女には見るべき番組はなかった。

テレビ室、パソコン室などが別にあれば、夜のニュースなどの番組やネット情報を見ることができるはずだ。「学校は開始されず、空き部屋があるのだから貸してくれたらいいのに」と私は思った。校舎の二部屋を開放してくれたら、女性更衣室もテレビ室も作れる。被災地の人こそ、日常のニュースや震災復興の政治について知る

べきなのだが、一番情報が届かない位置にあった。

このリーダーは「子どもと夫に弁当を持たせたい」という女性の希望に、「自炊しましょう」とついに言いだした。「男はあてにならない、女の人が頑張りましょう」という。女性は「疲れきって不安のなかにいるのに、三度の自炊…そんな…」と思っているのに、反論しない。

無記名で意見を出す手段がない。生活の不満を話す電話相談も知らない。面接相談もない。各種のフリーダイヤル相談の存在など知るよしもなかった。

無料電話の設置があったが、通路にあり人に聞かれる。さらに「三分以内で済ませましょう」と表示されていた。

### ◆四月、避難所に通って考えたこと

①避難女性は仕切り・着替え室が欲しい。女性だけの部屋、それも厳しいときは、せめて希望者には、女性だけの区画が必要。それが実現されていない。これは、避難所のマニュアルとして明記されることが大事だ。衝立はいらないと思う人には、使わない自由もある。避難所に改善の通達が出た後は、実現されているかのチェック機能が必要。地元行政も疲弊しているので、チェックは第三者の支援パワーで実施されること。避難者は遠慮するので、日常の生活支援を担当しない人が実施すること。

②民主的に意見を出せるシステムの工夫が必要。匿名で意見が出せる投書箱や、メール投稿の窓口を作る。無料相談の電話窓口の効果的な広報が大事。

③それには、女性用フリーダイヤルのパープル・ホットラインが行なったように、女性の下着配布の袋に広報

カードを同封するなど、カードの配り方に工夫をすることが有効。

④避難所で女性対象の面接が必要。面接員は直接生活支援に関わる人とは別の人にすることが重要。

⑤消灯後に、ニュースを見る、インターネットを視聴する、自分の記録などを自由にできる部屋も必要。長期になれば、夕刻まで仕事にでる人もいるので、夜間の時間の保障が必要だ。

## ◆自己主張の力を失う過酷な生活

四月、石巻のハローワークに行っても、災害前の求人情報があるだけだ。仕事は泥すくいのバイトだけで、重労働だから男性の採用のみ。ミキさんは、仙台や東京の情報が知りたかった。

二か月近くの、あまりに過酷な生活で、被災者の方の自己主張の感性は弱くなっていたと思う。亡くなった人があまりに多いので、「助かっただけで感謝」となってしまうのだった。

ミキさんに「しばらく仙台に泊まりに来たら」と誘ったが、「避難所にいないと支援の情報に遅れてしまう」。さらに「長期不在になると避難所の権利が消滅し、仮設入居が遠のく」と、二泊以上は泊まらなかった。「避難所は過酷な状況だから、遠い県のホテルに移りましょう」と、行政から提案されても、ほとんど応募がないのも頷けた。

四月一七日、ミキさんは、仙台の我が家に泊まったとき、ようやく「衝立がないことに、腹が立ってきた」と語った。日常性を取り戻したのだ。仮設に移動する前日、彼女はさすがにリーダーの男性に意見を言いたくて挙手しようとした。しかし、周囲の男女に「ここにいられなくなる、やめたほうがいい」と引き留められたそうだ。「和を乱す人はここを出てもらいます」というリーダーの根拠なき脅しが、じわじわと個人の権利感覚を奪っていたと思う。彼の発言の不当性をチェックするシステムがなかったためだと思う。

## ◆「日常」を取り戻すための支援

被災地の親族に「食べ物はなにがいい？」と電話で聞くと、「充分間に合っている」と遠慮する。毎日の食事内容を聞くと、「ジャムパンと牛乳、おにぎりと自衛隊の作る味噌汁、届く市販のお弁当の連続にとても感謝している」と語った。数日間、食事も水もない体験をしているので「食べられるだけで感謝」と語るのも無理はない。そこで、避難所、津波被害の自宅に暮らす知人・友人たちに届けたのが、温かいファストフードだった。香りの濃いてり焼きバーガーと牛丼は「文明の匂い、味だ」ととても喜ばれた。それは平和的日常の匂いなのだ。下着、化粧品、野菜、果物や寿司が喜ばれた。

次に喜ばれたのが、洗濯・クリーニングの援助だった。友人は、津波被害の自宅で、電気は乾電池、水は給水車で暮らしていた。水に浸かった衣類・寝具の洗濯ができないでいた。町のクリーニング店も機能していなかった。避難所では、ミキさんは女性の下着が干しにくい、盗まれるなどの事情があり、遠い地区のコインランドリーに行ける日まで、濡れたまま仕舞い込んでいた。

私は、彼女たちの衣類を持ち帰り、洗濯しクリーニングし、届けに通った。綺麗になった服や寝具を見ると、女性はパーッと表情が明るくなった。避難所の女性すべての人の洗濯をしてあげたかったが、一人でできることはわずかだった。

で、よく考えて気が付いた。「この膨大な範囲の三陸沿岸部の避難所や、壊れた自宅のなかで、女性たちが同じことに困っているのだ」と。「それぞれの近くの内陸部の女性が洗濯の援助をしてあげたらよいのだ」と。せんだい男女共同参画財団に相談し、それは仙台で実現した。その出会いをきっかけに、女性同士のつながりもできると思った。

さらに考えた。ミキさんは我が家に泊まりに来ることができたが、かなりの人は泊まりに行くところがないのではないかと。長期に避難所を離れられないなら、仙台で、女性による女性のショート・ステイがあれば、気持ちが救われるかもしれない。女性なら自分の家の部屋を提供してもよいという人もいるのではないか。できれば、女性の家があり、ショート・ステイがあれば利用しやすい（ハーティ仙台はＤＶ被害者のシェルターなので、利用は無理）。滞在中に、自尊感情がアップするための、女性同士の心の傷の回復プログラム等の企画に参加できればもっといい。ヨガ、マッサージ、手工芸、アート、語りあいなど、癒やしの企画が良いと思った。でもこれを実現する時間も、力量も私にはなかった。

### ◆「世帯主」ではなく、「女性から女性」へ

最初、私は自宅の備蓄と、自宅に届く全国からの支援物資を運んでいた。自家用車で運ぶしかない。次々と支援物資は届いた。尿漏れ予防の下着・多量のパッドなどを複数もらい、訪問看護ステーションをしている先輩に持参した。仙台や九州の仲間よりバッグ類、スキン＆ヘアー清浄剤、乳液、ローション、靴下、Ｔシャツ、下着類等々が届き、とても喜ばれた。

全国の女性より、たくさんのバッグやアクセサリー、かわいい物が届いた。避難所の女性は、鏡をみて身に着けニッコリ笑った。素敵なバッグを手にして「もっともらっていいの？」と聞いた。「もちろん」と答えると「孫の分」「嫁さんの分」「娘の分」と、それぞれが嬉しそうに複数選んでいた。沿岸部の避難所の支援物資の配

布を見学したことがある。「並んでください。一個だけです。今いる人の分だけです」と注意がアナウンスされていた。だから選べる自由は嬉しかったのだ、と思った。

避難所では、受付に「物資を配りたい」と申し出ると「人数分充分にあることが受け取る条件になる」と言われる。行政のホームページには、「小口はうけない」と書いてある所が多かった。でも個人に渡すことで、周囲の人にも物資が渡る。

避難所は平等の鉄則が大事だ。確かにこれは管理上大事なことである。しかし大企業ではない、一般市民には一二〇人分を用意できるはずもない。だから当時は、個人的なつながりで渡す方法が、物資を送りたい人と欲しい人を結ぶことができる唯一の方法だった。関東から支援にきた人々や仙台の仲間と、三～四台の車で遠征を続けた。女川《おながわ》の原発のなかにある体育館の避難所でさえ、個人を呼びだして段ボールで数箱も手渡せた。被災した自宅住居で、ライフラインが不自由なままに暮らす知人たちにも支援物資を渡した。彼女たちから、近所や友人に物資は渡っていった。

「これどうぞ」と言うと、「私だけにそんなに頂いていいのですか?」と遠慮する。「どうぞ、受け取ってください」と言うと、サイズ違いでも「友達にあげてもいいですか。全て失った友人がいるのです」と彼女たちは言った。つまり、より過酷な被災者の方と分け合うのだ。「なんて優しい人々だろう」と感激した。被災した彼女たちは、とても謙虚で、優しい人々だった。素晴らしい人々に会って、嬉しく思った。

物資は「女性から女性へ」という視点が大事だった。下着や服も希望のサイズがあり、こまやかな対応が必要になった。今回の例では、一三号のスーツ、LLのパンツ類などと希望がでた。震災発生が三月という季節柄、四月には遅れた卒園式、入学式、入社式に、避難所から出席する人がいた。バッグと靴も欲しいという希望がでた。

仕事の面接など社会性のある場面にでる必要もでてきて、スーツ、バッグ、パンプスなどの希望となった。私は仙台のネットワークの友人に注文を伝えた。せんだい男女共同参画財団の職員のみなさんは、支援物資用の専用ロッカーを作り職員から集めてくれた。

ある友人は、女性限定で集めたたくさんのTシャツとその他の物資を、県南地区に持って行った。地区の〝長〟の人に「女性に渡す」ことを相談したら、その人に「私も被災者だ」といわれ、大量に取られてしまい、女性に渡ったかどうかを確認できなかった。その後、彼女は、女性個人を入口にして渡す方法にした。子育て支援のネットワークでは、子どもの衣類を集めたが、公的窓口では受けてくれないといわれた。（これらは、次第に改善された）

被災してかなりのものを失った自宅の二階に住む方も、家のすべてを失ってしまった避難所にいる方も、商品を購入するための出費に悩んでいた。

そこで工夫した。

①沿岸部の女性の被災者で、確実に周囲にも平等に渡してくれると確信できる（女性の）個人

②山元町、奥松島の半島の小規模の民間避難所の女性リーダー（介護施設や民宿が自然に避難所になった）

③被災地の学校教諭、養護教諭

に渡した。じつは、宅配で送る相手、訪ねて渡す相手は、友人の紹介であり、面識がない人がほとんどだった。でもこの方法は、女性や子どもに、支援物資が「確実に」渡ると思った。

物資を渡しに行って、男性に「私はじつはいつも女性支援の活動をしているのよ。だから女性向けの支援物資が多いの」と話した。男性は「ああそうなんだ」と笑っていた。妻と娘を支援されて喜ばない男性はいない。怒

る人がいたら、DV男性だろう。実際に、消耗品の物資は男女とも使えるものであり、男性の長靴や男性の下着なども送られてきた。送り手にもむろん男性の方もいた。女性の周囲に、男性と子どもがいる。でもその支援の入口を、〈世帯主〉ではなく〈女性〉にすることが、女性の自尊感情をアップさせると実感した。

このような「女性から女性へ」と小口でも渡すことができる方法・ネットワークが構築されることで、女性を支援したい方と、支援を必要としている女性をつなぐことができた。持続的に小口の寄付が届く工夫が必要と思った。それは現金ではなく、自分や周囲の人から集める物品の寄付でもよい。女性は、支援のお金をそう何回も出せるものではないとも思った。

## 3　みやぎ女性復興支援ネットワーク・みやぎジョネットの誕生

### ◆小規模の多くの善意を確実に渡す小さなネットワークの利点

私には、四月頃から「ガソリン代、宅配代、なんにでも自由に使っていいよ」というカンパが東京から届きはじめた。多くの小規模の善意を、中規模で集め、女性に確実に渡すことのメリットは、被災者の希望に対して対応が早く、希望をこまめに外部に伝えられる。寄付した人に報告が戻ることで、寄付の充実感を得ることができる、という利点がある。

次第に、ハーティ仙台の仲間も一緒に避難所に通い始めた。支援対象者が増え、地域も広域になった。東京・関西、やがて全国から、アメリカから、女性支援のネットワーク経由で、女性たちが支援物資を運んで来た。そして一緒に被災地を回った。研究者のヒアリングもあり、女性記者の同行取材もあり、数か所の被災地を回ると帰りは夜になった。被災地への道路事情は渋滞も多く、東京に帰る人の新幹線の予約は何度も無駄になった。車は泥で真っ白になり、そのまま洗車センターに通った。

このように私たちの動きは、支援物資の流通経路となり、女性が女性を支援するグループとなった。仙台市の中心地に二〇坪の事務所を借りることができて、みやぎジョネット（女性のネットワークだから、女〈じょ〉ネット）と名付けた。好意で倉庫を借りることもできて、全国から大量の物資の受領が可能になった。倉庫だけではなく、朝から晩まで届く物資の受け取り役が必要だった。その役を背負ってくれた人は、仕事をやめてボランティアに専念した。彼女は礼状を書き続け、腱鞘炎《けんしょうえん》になった。活動が新聞記事になると一日一〇〇件の留守電があった。

私は、五月になり仕事もＮＰＯの活動も始まったが、休日は物資を渡すために遠征した。被災地でサロンを開催する二日前の夜は、仲間で倉庫に集まり、プレゼントセットを作り、各種の手工芸サロンの準備を行なった。仕事のあとなので、皆で夕食持参で集まり、準備会をした。全国から支援者の女性たち（男性も）が、たくさんの支援物資を積んで来てくれた。結果、私は夏休みが一切なかった。大型トラックで押し寄せる物資もあり、一時は二〇坪の三倍の広さまで物資がビルを占領した。

## ◆目的のなかでできたことは

三〇ページのみやぎジョネットの目的のなかで、主にできたことは(2)から(9)である。(10)は、数か所の女性の販売店、製造店の販売の支援、内職の販売支援、訪問者の地元製品の購入の促進があげられる。私自身は、仕事とハーティ仙台の日常活動、二〇一一年一一月に仙台で全国女性シェルターネットの大会を開催するため忙

ロゴデザイン／氏家朗さん製作。本来ならピンクとグレー、黒のミックスです。温かい雰囲気を醸しだすデザインに惹かれ、製作をお願いしました。

## ＊みやぎジョネットの目的＊（ホームページより）

東日本大震災を受けた被災地女性と全国支援者の思いを結ぶ、全国からの支援物資を被災地女性へ届ける。各種支援活動プログラムによって、被災女性が復興することを支援する。並びに女性のニーズを調査し、政策に提言することを目的とする。その目的に資するため、次の事業を行う。

（１）被災地における女性についての実態調査
（２）支援物資の提出呼びかけ
（３）支援物資の仕分け、配布・送付
（４）被災女性のニーズを聞き取り、全国へ呼びかける
（５）支援者の声を被災女性に届ける
（６）被災地女性の声を聞きとめ、問題点については、行政への提言を行う
（７）被災地サロンの開催、茶話会の実施による精神面での支援
（８）手工芸等、変化する現状を採り入れた支援プログラムの実施
（９）女性の復興のための募金活動
（10）女性経営被災企業への経済的復興支援
（11）女性に視点をおく事業を展開する機関等との、連携ネットワークの構築、行政や企業との協働、市民への広報活動
（12）前各号に掲げる事業に附帯または関連する事業

しく、これが限界だった。

みやぎジョネットとしては、事務局長が連日の支援を継続していた。女性を支援したいと、海外や日本各地の個人・団体・企業から支援物資が届く。それを受領保管し、被災者に届けるにはかなりの活動資金が必要だった。女性団体からの助成金や海外・全国からの寄付で、低額ではあるがそれに充てることができた。

二〇一二年にはいり、就労支援として、介護ヘルパー講座の開催支援なども始めている。他にＩＴの実技講習会や、写真の発表によるグリーフケアも東日本大震災女性支援ネットワーク（全国組織・巻末資料参照）の援助で開催している。被災地の見学や、一緒に女性支援のボランティアをしたいという希望が全国から殺到した。その実現には被災地に橋渡しする中間的な立場の組織が必要であり、その活動資金の調達が重要である。

## ◆女性弁護士も一緒にサロンを開く

全国の個人や企業からのプレゼントをセットにして届け、各種の手工芸・ヨガ、アロマ・メイクのサロン、ハンドマッサージ・ネイルケアサロン、お抹茶会など多様なサロンを開き、傾聴した。女性はおずおずと参加し、やがて熱中した。「楽しかった。作るなんてひさしぶり」。ポツリポツリと被災体験を話し出し、私たちも互いに涙を流し聞いた。

五月初旬、被災者のミキさんも仮設住宅に入れた。彼女も一緒に参加したいと仲間になった。こうして、みやぎジョネットは「被災者女性が被災者女性を支援する」団体となった（ジョネットの仲間も、沿岸部の被害には比較にもならないが、半壊程度の被災者ではある）。支援物資運び、サロン開催、遠方から駆けつける人々の案内と被災地に通い続けた。縫製や編み物の材料と道具を届け、自分の命以外すべてを失った被災女性たちに、たとえわずかでも楽しい時間を提供したいと思った。

参加型サロンの実施、支援物資運び、視察同行などで一二月まで五〇回以上となり、現在も続いている。支援物資は買い物バッグに詰め「ジョネットセット」と呼んだ。参加した方は、カードにメッセージを書いてくれた。それを企業に送り、ブログに掲載した。受け取った人の声を届けると、支援者の熱意も大きくなる。

遠征には、仙台・関東の女性弁護士も同行した。サロンには「弁護士相談もあります」と表示した。誰が弁護士かわからないように、弁護士も私たちと同じTシャツを着て、周囲から弁護士に相談しているのかわからないよう工夫した。相談は数件だけだったが「女性のために女性の弁護士が駆けつけている」ことだけで、女性を励ますと思った。

また全国から来た支援の方々を紹介した。「九州から、名古屋から、岐阜から、北海道から来た方よ」と伝えることは、女性を力づけた。もちろんＤＶや性暴力のＮＰＯの相談のカードを渡し「私たちも電話にでます。困った方がいたら伝えてください」と話した。人前でＤＶや離婚の相談は、決して出てこない。

## ◆全国の人と被災者をつなぐ

阪神・淡路大震災の支援を行なった方々と回ったとき、「なんでサロンを開くのかわかった。神戸の女性たちは、すぐ話し出す。宮城の女性は何かを一緒にして、やっと話し出すのね」と言われた。東北の女性の多くは、自己主張をあまりせず遠慮深く、〈辛抱〉強い。話すまで時間がかかるのだった。

全国の方々が、三陸沿岸の被災地を車で訪ねて「あまりに広い。仙台から数時間を費やし訪ねることで、ようやく女性たちに会える。すごい規模の災害だ」と語った。「テレビで見るのとは全然違う。この地に立つだけで、災害の規模や深刻さをすぐ実感できた」「全国に伝えるね。また来るね、忘れない」と語ってくれた。多くの方々が「被災地を案内して」と来た。その方々に現状を見てもらい、地元に戻り伝えてくれる。仙台に来て宮城の地で消費してくださる、それが私にはありがたかった。あまりに悲惨な災害に、私は全国・全世界に向けて「助けて！」と叫びたかったのだ。グループ活動にすることで、継続的な支援ができた。

一二月には、アメリカのドメスティックバイオレンス防止に取り組む全米一の団体である Futures without Violence が主催する反女性への暴力キャンペーンの一環で「the 16 Days of Activism Award」を、ハーティ仙台、みやぎジョネットが同時受賞した。

## ◆保健室プロジェクト

震災後、ガソリンもなく自宅待機中だった三月中に、性教育に伺う予定だった女川の高校の先生から手紙が届いた。電話もファクスもメールも通じないなか「開催が不可能」との丁寧な手紙だった。先生自身の御自宅も津波で全壊していた。テレビで、郵便配達、宅配便が可能になったと聞き、手紙や宅配便で、まず先生を励まそうと思った。仙台のお菓子を入れ、全国からの支援物資を送った。

さらに、性教育に伺う予定だった沿岸部の学校に電話をしてみた。電話に出た先生は疲れきって涙声だった。生徒や同僚の先生も亡くなっていた。学校の校舎が全壊したところもあり、現役の養護教諭は疲れきっていた。そんなとき、東京の婦人保護施設の施設長より多量のナプキンの寄付の申し出があった。行政の受け入れは断られていた。私はもらおうと思った。被災地の子ども達と家族は、すべて貧困問題を抱えていると思ったからだ。

そこで、元養護教諭の性教育の仲間と「退職後の養護教諭で、現場の養護教諭の支援を考えよう」と話しあった。さっそく、沿岸部の多賀城《たがじょう》養護部会、本吉《もとよし》保健部会、仙台沿岸部の小中学校などと連絡がとれた。「ナプキンは助産師会からも送ってもらっているが、もっとあれば助かる」とのこと。また「サニタリーショーツ、ブラジャーや靴下が希望」と返事がきた。東京に伝えたら、全国の婦人保護施設から、多量の下着・スキンケア品、文具・絵本などの支援物資が届いた。届くなり次々と宅配便で送り続けた。これを、ハーティ仙台や性教育の仲間と作戦を練り、〈保健室プロジェクト〉と名付けた。

保健室からは、「布団や枕、タオルケット、シーツなどを送ってほしい」と希望がきた。避難所や救急車に貸して、戻ってきていないそうだ。五月の連休明けから学校が始まるのに、保健室のベッドが空だった。「寝具の調達は無理だよね」と友人は言った。「大丈夫、任せて」と私は答えた。ＤＶシェルター活動で、必要なものを集めることには自信があった。シェルターを出るとき、生活に必要なものは、多少時間をかければほとんど揃えることが可能なのである。

宮城県内でも津波被害のない地区の友人、全国の女性の友人たちに「保健室プロジェクトへの協力を」とメールで呼びかけた。あちこちから希望どおりの物が、購入して直に店から送られてきた。他にも女性と子どもが喜ぶものがたくさん届いた。生理用品、長靴、タオル、子どもの下着、文具、スキンケアなど大箱一一個、布団袋でも三個。女川・志津川の小・中学校、気仙沼の学校の合計六校に送った。

他、仙台の沿岸部の五校には、養護教諭の友人が自分の車で配達して歩いた。ある学校の養護教諭は「生理用品等は、先日いただいた下着その他と併せて、月末にあるＰＴＡ総会のときに保護者の皆さんにお渡ししようと思います。子どもたちだと、恥ずかしがるので、保護者の皆さんに声掛けしたほうが、広く行き渡ると考えています」と工夫していた。

## 4　女性を励ますとは

### ◆女性被災者の声をすくい上げる――行政への提言

避難所を回っていて感じたことは、日常的に男女平等意識が推進されていないと、災害時は閉鎖的家父長制の意識が支配するということだ。今回できたことは、避難所の個人に支援し、周囲の人に広げる手法である。大災害のとき、被災者の希望を伝えることは、組織ではなく個人を入口として渡す方法も確実であることがわかった。みやぎジョネットを立ち上げ、個人、企業からの支援を、女性に渡すルートを確立できたことは大きかった。

さらに、組織を作ったことで、行政への提言を行なうこともできた。七月下旬に「女のかたり場」と名付けたネット会議を公開で行なった。仙台の会場に一三〇人以上を集め、被災三県の女性（宮城県内の二か所の避難所、岩手の商店、福島の女性の自宅）をインターネットで結び、会議を行なった。マスコミ取材は、東京から複数来てくれた。ニューヨークからドキュメント映画の女性監督も取材に来てくれた。しかし〝女性〟を打ち出したイベントに対して、仙台のマスコミの反応はあまりに鈍く、新聞一社だけの取材だった。しかしその後、実行委員会の名前で、宮城県の復興条例に提言を行ない、復興計画に「男女共同参画の観点から、女性の参画を促進」という文言の挿入が実現したのは成果だった。

### ◆今後の可能性や課題について

継続したいこともある。しかし一方で、みやぎジョネットの代表を降りることも予定している。すでに二〇一二年に入り、私は仕事や他の活動で手一杯になっている。自分が責任をとることには限界があるので、実働できる方に代表を代わり、支援を継続したいと思っている。

展開した活動内容と課題を整理してみると、

①全国の組織と連動し物資・資金援助をうけ、被災地に届ける。これは構築できた。継続のための資金が課題。

②被災地の方の就労の取り組み支援。

これが一番切実で、一番難しい課題である。被災者の内職作品の販売は、商品を売るシステムの構築が難題である。広告、販売（発送）、商品管理、入金管理まで行なうには、相当のマンパワーが必要となる。小さなボランティアでは継続は困難である。手工芸品などの素材集めはできても、拡販は難しい。経済力を持ち、作品を買い上げる資金がないと、作成者の支援は難しいと感じた。食品以外の販売は困難である。しかし沿岸部の食品生産力の回復には時間がかかる。起業の助成金の制度や、その申請の手続きの支援があっても、女性自身に起業しようという自立の心が育っていないと難しい。それまで時給で働いていた女性であり、職場をなくし家を失った女性が、さらに借金のリスクを背負うことは、なかなか決心できることではない。

やはり、現実的な支援は、女性が働ける職場の創出である。とくに、保育園が津波で消失し、企業が撤退したままなので、保育の問題が切実である。託児に困っている女性を見過ごせずに、保育士が自主的に保育を始めている。しかし保育料を低額にしているので、自分の失業保険手当が切れると、継続は厳しいという。事業経営を持ちこみ、雇ってくれることを望んでいる女性が多いと思う。被災者ミキさんの切実な希望は、コールセンターの沿岸部への誘致だった。

しかし現実的には、仙台や内陸部にコールセンターが集まっている。道路・鉄道の復旧がないと、沿岸部に開設するのは難しいそうだ。沿岸部に保育や介護の会社の参入が望まれる。せめて公的就労において、女性割合の五〇％化の実現を要求したい。

③権利擁護（アドボカシー）の活動として、ブログのアップと講演……継続可能。

④グリーフワーク（愛する人やものを失った深い悲しみを乗り越える作業）の可能性としてのフォトボイスという手法がある。

これは、東日本大震災女性支援ネットワークがクローズドで開催した、写真の撮影指導と発表、ゆっくり語りあいをする講座である。この手法は深く自分のなかの傷つきを見つめ、語りあう手段になりうると思った。人権にとても配慮した進行なので、被災当事者の人権教育、アドボカシーの手法でもあり、またグリーフワークとしても効果があると思えた。この講座を仲間と三回継続で受けた。今後も行ないたいと思う。

⑤相談業務の充実に努力する……ハーティ仙台としては、今後も、女性への暴力の防止・啓発・支援を実施し、相談を担当する。すでに、複数のフリーダイヤル相談に関わっている。

（1）パープル・ホットライン（全国女性シェルターネット主催）の参加。これはすでに被災地優先である。

（2）みやぎ災害こころのホットラインへの参加（内閣府主催）。九月から仙台でのみ開始していたが、二〇一二年二月からは県内五か所となり、連日体制になった。DVシェルターのNPO、日本フェミニストカウンセリング学会、全国女性会館協議会より、全国の相談員が宮城県に派遣されて来ている。

（3）寄り添いホットライン、九月から被災地三県限定のパイロット事業として始めたが、二〇一二年三月一日から「よりそいホットライン」と名称をかえて全国展開になり、連日の受信となった。（厚生労働省主催）

これら三つは、すべて二〇一二年度も続く予定である。

⑥仙台市の仮設絆支援員への研修実施

仮設住宅の管理委託を受けたＮＰＯから依頼を受け、ＤＶ・性暴力の研修を担当した。絆支援員は、女性雇用の割合が五割となっている。児童虐待とＤＶ、子ども支援の連携の公開講座も行なった。セクシュアル・ハラスメント、パワー・ハラスメントを教える弁護士の研修も入っている。このプログラムは全国の防災行政の関係者から評価された。研修プログラムを組み立てた人は、〈人権〉というキーワードで長年連携している仲間である。

## 5　ＤＶ相談と性教育

### ◆もともとあったＤＶが震災で深刻化する

震災直後からマスコミから「性暴力とＤＶの増加はないか」と何度も聞かれた。確かに仮設住宅での生活になり、二〇一一年八月に石巻でＤＶ（殺人）事件も起きた。ＤＶの相談も次々と寄せられている。もともとＤＶだった関係が、震災の影響で深刻化している。相談が増えることはよいことだと思う。深刻な事件は、相談しないケースにこそ起きる。ＤＶ相談は、

＊震災の直後は実家の親や、いままでかくまってくれていた親族も、家もろとも流されてしまった。夫のアルコール依存がすすみＤＶから逃れたいが、逃げ込むところがないので保護してほしい。

＊別居中の夫が、家や職場も津波で失ってしまった。戻ってきた夫を受け入れたが、やはりＤＶ状態が深刻になった。

＊女性が津波で住まいと仕事を失い夫と同居に戻ったが、耐えられない。
＊避難所から仮設住宅に移る予定。ＤＶ夫は津波被害の家財始末の重労働を老年期の妻に強要する。親族、知人が近くにいない仮設住宅で、ＤＶ激化は予測できる。恐ろしいので離婚したい。
＊夫の両親と同居で自営業。家も仕事も津波で失う。みなし仮設住宅のアパートに暮らすが、夫のＤＶは激化。実父母も怖くて浪費息子のいいなり。子どもも怖がるようになり母子別居。しかし津波被害の弔慰金は、世帯主（祖父）に支払われ、夫の名義の財産はなく、財産分与、養育費がろくにでない。
＊震災前に別居中だった。同居の義父母の家と家業を津波で失う。残してきた女性本人の家財・車も失う。ＤＶ・児童虐待に慰謝料請求、財産分与、養育費請求をしたいが、すべて無くなったと開き直られる。実際は夫と両親は、高額の補償を受け取っている。しかし、世帯主の義父が受け取るので、女性に弔慰金はこない。
＊ネットで知り合った遠方の男。デートＤＶがあり別れようとしていた。ところが、震災後に支援物資をもって駆けつけてくれたので、心細さから縒りが戻ってしまった。しかし、精神的、経済的、性的ＤＶがひどくなり怖い。

＊＊＊

女性の相談から見える問題のひとつは、弔慰金が世帯主に一括で支払われることである。今後は、失業保険もきれる。弔慰金により露見しなかったが、手持ち金の枯渇がおきれば経済状態は厳しくなる。すると、ＤＶは深刻化すると予測できる。

性暴力事件も気仙沼の避難所でおきた。しかし、これは震災で増加しているとは安易にはいえない。

今回の災害の被災地は、仙台の中心地からあまりに遠く、あまりに広範囲であり、交通状況も劣悪だった。神戸との震災の違いはそこではないかと思う。無論、警告は出されていた。内閣府の通達により性暴力防止の啓発として、「トイレの痴漢に注意、暗いところに一人で行かない」といった程度は、避難所で、被災女性のミキさんにも伝えられていた。

性暴力で確かにいえることは、被災と関係なく常に起きており、性暴力の相談は途絶えることなくきている。しかしあえて「きているDV・性暴力相談は震災に関係あるか」と聞かれると困った。「宮城の地で震災の影響をうけていない人はいない」とも思う。実際、相談の背景はじつにさまざまである。

## ◆支援者への性暴力防止教育

被災地支援者に対する性暴力防止の教育（支援者の被害防止、支援者の加害防止、支援者間の性暴力防止）は、地方の被災沿岸地域では、まだまだ充分されていないと思う。ボランティア分野でも、地方行政でも、性暴力防止の取り組みがまだまだ浅いと思う。それに加え、被災地の行政の震災による疲弊、行政予算の疲弊が当然ある。DV・性暴力防止は、特別予算、人材の支援があると進む。特別予算が組まれたこの機会こそ、DV・性暴力防止を推進してゆくチャンスになるといえる。

すでに宮城県からも、沿岸部の仮設住宅の支援員への、DV・性暴力防止研修の打診がある。ぜひ協力したいと思う。

## ◆だからこそ今、性教育が

このような厳しい状況においても、一二月までに沿岸部の被災地の高校で性教育の講演を六か所で実施した。

保健室プロジェクトで、電話・メールで連絡しあっていた教師の方に会うことができた。被災した子どもたちだからこそ、被災地の厳しい社会環境だからこそ、性と命を大切にする話を聞かせたい、との教師と行政の人の思いで実現した。

ブルーシートで応急手当てした体育館で行なった所もある。来年まで待てないと、急に二学年五〇〇名近くでの実施になった所もある。他校に間借りしているため、遠距離バス送迎があり、時間の確保に苦心し、広い会場と視聴覚器材の確保に必死だった学校もある。「予算が少ししかない、親も経済困窮にある。でも、だからこそ講演を聞かせたい」と交渉してきた先生もいる。

経済的困窮があるとか、将来の進路に希望がもてないという子どもほど、性行動は早まり、無防備な性行動が増える。震災前より、地方のほうが経済状況は厳しく、若者の就労状況は厳しかった。ゆえに、地方の高校の教師は、親の経済困窮を実感し、子どもたちの危ない行動への危機感は高い。

都市部には若者が多いので、人工妊娠中絶の件数は都市部が多い。しかし若い世代の準備のない妊娠・出産による深刻なトラブル（早期の離婚問題、ＤＶ事件・児童虐待事件など）は、地方でより起きている。実際、近年、若い世代の深刻なＤＶ事件は、宮城県の都市部より地方が多い。

登米市にて二〇代大学生による二〇代保育士デートＤＶ殺人事件（二〇〇七年）・仙台市にて一〇代予備校生による一〇代女子大生デートＤＶ殺人事件（二〇〇七年）・栗原市にて三〇代男性の三〇代女性へのデートＤＶ殺人未遂事件（二〇〇九年）・石巻市にて一〇代同士の三人殺傷のＤＶ殺人事件（二〇一〇年）・蔵王町にて一〇代男性による二〇代女性へのデートＤＶ殺人事件（二〇一一年）、と事件が続いている。

私の性教育の講演は、生徒たちから事前にたくさんの本音の質問が届き、それに丁寧に答えることから始まる。

「性のトラブルの問題は人権問題である」ことを中心にする。妊娠、性感染症を含み、性暴力・ＤＶの講義を主軸としている。初めての学校では、生徒が一〇〇分も聞いていられるか先生が心配する。

しかし充分に工夫するので、生徒はじつに熱心に学ぶ。感想は「マジで考えてつきあいます」「知っているつもりになっていた。安易にするとやばい」「はっきり教わってよかった、もっと聞きたかった」「性のことは大事だ、恥ずかしいことではないとはじめて思えた」とたくさんの感想が届く。さらに、高校生のデートＤＶの面接依頼もある。震災の混乱のなか、生徒のために努力する先生や行政の人々に、私は感動した。長い間積み重ねてきた活動は、震災があっても途絶えることはなかった。

## 6　エンパワーメントは継続が大事

### ◆まず女性が元気になること

被災地には、家族を失い、仕事を奪われ落ち込んでいる男性も多い。内閣府予算の電話相談や寄り添いホットライン（二〇一二年三月より「よりそいホットライン」となっている）では、ハーティ仙台のスタッフは男性の相談も受けている。男性の悩みも深い。しかし、ハーティ仙台、みやぎジョネットは〈女性支援〉を全面に打ち出している。女性が元気になることがまず大事と思う。そこから落ち込んでいる男性にも、子どもにも元気が伝わると考えている。

七月に仙台を訪ねてくださった精神科医師の宮地尚子先生に「大丈夫なの」と聞かれた。休憩、休日がなくても、仲間に心配されても、私は突っ走るしかなかった。宮地先生より、著書『震災トラウマと復興ストレス』

(岩波ブックレット)をいただき読んだ。そして、支援は、支援する側がバーンアウトしないように、できることをできる範囲で行なうことが大事だと自分に言い聞かせた。理想の支援者も、理想の被災者もいない。燃え尽きないことだ。一一月の全国女性シェルターネット・シンポジウムのパネリストとして再び来仙されたとき、「あのとき私は普通じゃなかったです」というと、「自分も被災者だとわかったのね」といわれた。

そうだ、私のなかでは常に「私は生き残った、私の家族は生きている、私の家は残っている。だから被災者とはとても言えない」という思いがあった。しかし、潰れてしまってはすべて終わる。押し寄せる期待、提案、計画に自分で首を絞めないようにしようと思った。活動は続くことが大事だと思う。DVや性暴力女性被害者の支援と同じで、エンパワーは継続が大事だ。その形は、状況や自分の事情に合わせて、変化してよいと思う。身近な犠牲者、膨大な被災者を前に、正直「このような活動がどれほどのことか」と、無力感に陥ることもあった。

何度も「次は何をするの」と聞かれ「正直わからない、何せ、前例がないのだから」と答えていた。考え、考え進んできた。まず、実践してみる。そして次を考える状態だった。

しかし、確信はある。「女性支援」と銘打って行なうことの力を。女性に「尊重している」と伝えることの効果を知っている。目の前の女性を、一人エンパワーできたら広がる。「私たちは、女性支援の活動です」という言葉を聞いたとき、被災女性たちの表情は変わる。女性の自尊感情をあげる、権利を伝える、それが一人の言動を変化させる。それは、やがて大きなうねりを生みだすと信じている。

# お見舞い訪問からせんたくネットへ——被災女性の声をあと押しする

宗片恵美子（特定非営利活動法人イコールネット仙台・代表理事）

## 1　仙台「災害時における女性のニーズ調査」と女性視点の防災の提言

### ◆緊急時にあらわになる性別役割分担

三月一一日午後二時四六分。私は翌日の出張のため、早目に職場を出て、自宅に着いたところだった。突然の激しい揺れにその場に座り込み、近くの柱にしがみついた。家の中からは物が倒れる音やガラスが割れる音が聞こえてきた。これまでにないほどの震動が長く続いた。同じ時間、市内の沿岸部にあれほどの大きな津波が来ていることなど知る由もなかった。

宮城県沖地震が近い将来高い確率で発生することは言われていた。防災意識も高まっていた。そうした中で発生した東日本大震災。地震・津波に原発事故が加わり、宮城・岩手・福島三県で二万人近い犠牲者・行方不明者を出した。

＊＊＊

私が所属する特定非営利活動法人イコールネット仙台は、男女共同参画社会の実現に向け幅広い活動に取り組んできた。二〇〇八年、私たちは、宮城県沖地震への危機感に加え、一九九五年に発生した阪神・淡路大震災で、女性たちが数々の困難を抱えたことを背景に、「災害時における女性のニーズ調査」を実施した。

阪神・淡路大震災では、女性の死亡者数が男性より約一〇〇〇人多く、そこには「女性の貧困」が存在しているといわれた。他にも、女性に対する「震災解雇」の増加、プライバシーのない避難所生活での健康の悪化、妊婦や幼児を抱えた母親たちへのケア不足による困難等、女性をめぐる様々な問題が噴出したという。それは、男性の領域と考えられがちな「防災・災害復興」に女性の視点で取り組む必要性を強く認識させるもので、宮城県沖地震においても、十分に想定される内容だった。

仙台市内に住む約一一〇〇人の女性たちを対象に行なったニーズ調査の結果（回収率六九・六％）、災害時、女性たちが抱える不安・心配が様々に明らかになった。避難時には、「共働きで家に子どもを一人残すしかない」「自宅で介護している寝たきりの夫を避難させることができない」等。被災時においても、「子どもに食物アレルギーがある。除去食を与えられるか」「妊娠中で、今地震が来たら、無事出産できるか」「母子家庭で、災害後もパートを休むわけにはいかない」等々、具体的で切実な声が数多く寄せられた。これは、子育て中、介護中、妊娠中、障がいがある、高齢であるなど多様な暮らし方をしている女性たちのニーズに沿った防災の取り組みが必要なことを示していた。同時に、女性たちがいかに多くのケア役割を担っているかが顕著に表れた結果でもあり、緊急時であればあるほど、平時以上に性別役割分担が求められるのではないかと危ぶまれるものだった。

## ◆女性の視点からみる防災・災害復興対策に関する提言

私たちは、調査結果をもとに、「女性の視点からみる防災・災害復興対策に関する提言」を以下のようにまとめ、防災・災害復興に女性の視点が必要であることを自治体や地域団体に伝える活動を続けた。

1　意思決定の場における女性の参画の推進
2　女性の視点を反映させた避難所運営
3　多様な女性のニーズに応じた支援
4　労働分野における防災・災害復興対策
5　災害時におけるＤＶ防止のための取り組みの推進
6　防災・災害復興に関する教育の推進

地域団体のリーダーや行政の防災担当者の多くは男性たちだ。そうした組織の集まりでは、テーマに「女性の視点」と入っただけで敬遠される。腕組みをした男性たちにこの報告はどのように受け止められるのか。しかし、約八〇〇人の女性たちの声をまとめた調査結果は揺るぎない根拠になり、説得力を持った。女性たちの切実な生の声は誰もの胸に響く。男性たちは女性たちがそのような心配や不安を抱えていることに気づかなかったと異口同音に言う。そしてこの調査が、困難を抱えた人たちに目配りされた支援策につながるものだという点にも共感を示してくれた。手応えはあった。

この調査は、その後、全国発信され、私は、内閣府中央防災会議「地方都市等における地震防災のあり方に関する専門調査会」の委員として加わることになる。研究者など専門家で占められてきた委員会で、地震や津波専門の研究者には女性は極端に少ない。女性の視点で災害や防災に取り組むＮＰＯが加わることはかつてなかっただろう。

しかし、各委員会に女性の登用率を増やすという国の方針から、探しに探して私にたどり着いたらしい。この調査会では、各委員が自分の専門や立場からプレゼンテーションをすることになっており、震災直前の三月一日、私は「女性に配慮した避難所運営」について発言をしたばかりだった。その日の会議では、様々に困難を抱えた人々を避難所でどのように支援していくか多様な議論がなされた。

そして三月一一日、東日本大震災が発生した。その後の現実を見れば、こうした議論がもっと早く行なわれ、もっと深められていればと悔やまれる。

## 2　お見舞い訪問のスタート

### ◆男女共同参画担当職員の協力

被災した女性たちをとりまく現実はどうなっているのか。女性たちはどう乗り切っているのか、女性たちが自らを追いつめていないか、心配が募った。特に、避難所生活を余儀なくされた女性たちの状況が最も気がかりだった。

そこで、団体理事の浅野富美枝さんと一緒に避難所で暮らす女性たちのお見舞い訪問を始めた。この震災で女性たちが何を体験し、何を考え、どう行動したのかを記録として残したい。被災時・復興時の女性たちをめぐる課題を明らかにし、解決に向けた方策を考えたいと思ったからだ。

訪問先は、登米市・気仙沼市・栗原市・東松島市。登米市・栗原市は、津波の被害こそなかったものの、地震による被害は大きく、自らも痛手を受けていたが、津波で壊滅的な被害のあった南三陸町の住民を受け入れ、避難生活の場となっていた。いずれも各自治体の市民協働・男女共同参画の担当職員が事前に手配をしてくれ、避難所で被災女性に直接話を聞くことができた。

登米市・気仙沼市は浅野さんが男女共同参画推進条例の策定にかかわり、栗原市においても、男女共同参画の基本計画の策定にかかわる等、自治体との関係が良好だったことがこの機会につながった。東松島市は私を講師に男女共同参画に取り組んでいたことがきっかけで親交があり、震災発生と同時に連絡を取り続けていた。このような機会を得ることができたのも男女共同参画に熱心に取り組む職員たちのおかげだ。

さっそく、お見舞い訪問に向け、支援物資集めに、仙台市内の薬局や化粧品店を走り回った。私の担当はリップクリーム等。避難所によっては約四〇〇人分が必要になる。「被災地へ行くのですか？」と店員さんが店の奥から在庫を出してきてくれたり、他の店に連絡をとってくれた薬局もあった。

しかし、物資を届けながら、改めて気づいた。津波被害は、文字どおり、何もかも流されてしまったということだ。化粧品を受け取ってもそれらを入れるポーチがない。手鏡がない。それが現実だ。次なる支援物資の手配が始まった。

## ◆要望や不満を口に出せない女性たち

お見舞い訪問の聞き取りに協力してくれた被災者は一〇代から高齢者まで多様な世代で、高校生、シングルで働く女性、子育て中の女性、親を介護する女性、介護を必要とする高齢女性など様々なライフステージを生きる女性たちだった。避難所の状況は、運営リーダーの多くが男性で、班ごとに女性の班長がいても、女性ならではの多様な声や要望が届きにくい現実があった。避難所内には、間仕切りや更衣室・授乳室などプライベート空間が不十分なために、女性たちは、布団の中で着替えをし、なかには、母乳を止めてミルクに切り替えてしまったという母親もいた。

ある避難所では、避難所となった学校の体育館の入口に、間仕切り用の段ボールが使われないまま山積みになっていた。「不審者が入り込んだり、被災者が体調を崩した場合に発見が遅れる」「避難所内の一体感が損なわれる」等を理由に男性のリーダーが判断したという。女性の多くは間仕切りを希望しながらも、あきらめて「もう慣れてしまった」と言う。物干し場が男女別でないのも女性たちにとってはストレスで、下着が直接見えないように干し方を工夫しているという声もあった。

時間の経過とともに見舞い客の数や物資の量などに伴う格差感、人間関係のトラブルも生じているということだった。特に、避難所で暮らす数百人の食事三食を被災女性たちが、早朝から夜間まで調理室に缶詰になって調理するという避難所もあり、女性たちからは「負担が大きい。調理ボランティアを配置してほしい」という声も聞かれた。まさに、性別役割分担が顕著に表れたケースといえる。被災者の声が反映される点で、被災者自身が避難所の運営に関わることは賛成だが、役割が性別に偏ることで負担が生じるのは問題だ。

その後、「更衣室が欲しい」「三食の調理が負担だ」と運営リーダーに伝えていこうという私たちの呼びかけに、女性たちが声を上げ、更衣室が設置され、調理担当スタッフが雇用されたといううれしい知らせが届いた。私たちが訪問したことで、初めて、避難所で女性たちだけで話をする機会を持てたともいう。これからもこのような機会を持ちたいという要望も出されていた。

被災女性たちは、避難所の中で要望や不満を口にすることはなかなかしない。口に出すことで、避難所での居心地が悪くなることを危惧している。要望箱や相談室を避難所内に設置することもあまり歓迎しない。人目が気になるのだ。そこで、行政ではない外部の私たちのような立場が結構役に立つ。つまり「外圧」である。女性たちの気持ちをくみ取り、おおげさにせずに、それとなく改善に向けて背中を押す。この積み重ねが女性たちの自信につながってほしいと思っている。

### ◆女性リーダーの存在や行政の対応で明るさも

一方、数は少ないが、女性のリーダーが運営に携わっている避難所もあった。そこでは、女性たちの要望で、カーテンや間仕切りが設置され、安心して生活している様子も確認できた。女性の声が運営に反映されている避難所は、雰囲気も落ち着いており、避難所内の人間関係も円滑にすすんでいるようだった。何より女性たちの表情が明るいのが印象的だった。

栗原市のある避難所では、最初一メートルだった間仕切りが一メートル三六センチにかさ上げされ、プライベート空間がしっかり確保されていた。更衣室や入浴設備も男女別に複数あり、食事の調理担当も雇用されており、被災者からは、「良くしてもらってありがたい」という声が聞かれた。東松島市でも避難所の運営にあたっている女性の施設職員が、女性用トイレに生理用品や基礎化粧品を置き、便座カバーを用意するなど女性に配慮したきめ細かな運営を行なっていた。両市とも、過去にそれぞれ宮城県北部連続地震（二〇〇三年）、岩手・宮城内陸地震（二〇〇八年）を体験し、避難所生活も経験しており、その教訓が生かされたのだろう。

また、男女共同参画に関する人材育成を始め、「災害と男女共同参画」をテーマにシンポジウムやワークショップ等を行なってきた自治体でもあり、その地道な取り組みが、避難所での対応につながったものと思う。かかわった一人としてはうれしい成果だ。

前述の東松島市の避難所の施設職員も、こうした機会を通して生まれた貴重な人材で、男女共同参画の推進に向けて、市民グループ「サークルコロッケ」を立ち上げ、「女性に配慮した避難所運営」を扱った寸劇を自作自演し啓発活動を続けてきた。市民レベルのこうした動きも大きな力となったことは間違いない。

## ◆「我慢」を当然と思わないように

被災女性たちからは、「自分だけが辛いのではないから我慢しなければ」「もうどうでもいいと思っている」等の言葉が多く聞かれ、あきらめて現実を受け入れてしまっている様子が見られた。自分の気持ちを言葉にできない女性たちの胸の内をくみ取りながらニーズを掘り起こすことも必要だ。化粧品や手鏡、自分のサイズに合った下着など、これらは、女性ならではの当然の要望のはずだが、「非常時だから我慢が当然」「ぜいたく品」と片づけられがちで、女性自身もそう考えてしまう傾向がある。しかし、こうした物資の支援こそ女性たちにとってはうれしい。

登米市の男女共同参画条例策定委員有志が立ち上げた「えがおねっと」は化粧品メーカーと協力し、被災女性のためにフェイスマッサージやハンドマッサージを提供する取り組みを展開した。「リフレッシュの機会になった」と女性たちはこの上なく幸せそうな表情を見せてくれた。あの表情は忘れられない。男性たちのまなざしが心なしか優しかったのも印象深い。この震災で悲痛な経験をした女性たちにとって、かつて自分を取り巻いていた品々を手にすることは、日常を取り戻す何よりのよすがになる。

## 3　せんたくネットの立ち上げ（四月一七日〜八月一〇日）

### ◆洗濯ボランティア二八七人も被災女性

私たちが暮らす仙台で何ができるのかを問いながら始めた支援は洗濯代行ボランティア。

避難所生活が始まった当初は、水道や下水道の設備がないために洗濯機が設置されず、着の身着のままで避難してきた女性たちは様々な困難を抱えた。「使い捨ての下着も限界」「手洗いしても干すのが心配」「生乾きのまま身に着けている」等。同じ女性としてその辛さは十分に理解できた。

そこで、避難所生活をおくる女性たちの洗濯物を預かり、女性たちが自宅で洗濯し届けるボランティアを「(財) せんだい男女共同参画財団」と協力して立ち上げた。名づけて「せんたくネット」。「せんだいの女性たちが被災した女性の本音をたくさんくみ取って一緒に解決するネットワーク」だ。

財団は、エル・ソーラ仙台（仙台市男女共同参画推進センター）を拠点に避難所を往復する運搬ボランティアと自宅で洗濯を引き受けてくれる洗濯ボランティアの募集をスタートさせた。洗濯ボランティアは二八〇人を超える数にのぼり、予想を超える数に驚いたが、被災女性に対する思いが伝わってくる数字でもあった。同じ被災地で暮らし、あの三月一一日を経験した女性同士、被災状況の違いこそあれ、同じ痛みを抱えている。自分に何かできることはないか。そんな切なる思いをもつ女性たちが数多く協力を申し出てくれたのだ。

運搬ボランティアは六名で固定のメンバーにした。洗濯物もプライバシーだ。ファスナー付きの所定のバッグが用意された。洗濯物を預かりながら「体調はどうか」「必要な物はないか」「困ったことはないか」と声がけを続け、信頼関係を築くことから始めた。汚れ物の洗濯を、まして下着の洗濯を他人に頼むことをためらう女性たちに「安心して任せて」の気持ちを伝えながら……。洗濯ボランティアからの心遣いも温かいものだった。洗濯物と一緒に心のこもったメッセージカードやプレゼントが届く。支援する側と支援を受ける側の立場を超えた気持ちの交流が広がった。

### ◆せんたくネットを通じて聞こえてくる声

せんたくネットは女性たちの声にならない声にも応えていきたいと活動を続けてきた。「話を聞いてもらえるだけでありがたい」という女性たちから聞こえてくる声は様々だ。「職場が被災して失業中。年齢が高いからと履歴書さえ受け取ってもらえない」「仕事に行きたくても子どもを避難所に置いていけない」「手も顔もすっかり荒れてしまった。化粧品がほしいけれど言いにくい」「自分のサイズに合った下着がほしい」等々。そこで、財団は、せんたくネットのボランティアにブラジャーやサニタリーショーツの提供を呼びかけた。避難所で暮らす女性たちは、下着も付けたまま寝起きする毎日だ。自分のサイズに合った下着は何よりありがたい。多くの種類が集まり、被災女性のもとに届けられた。

できる限りの支援を続けたい。女性たちを力づけたい。仲間たちと避難所に通う日々が続いた。そんな私たちを応援してくれたのが、ＮＰＯ法人かながわ女性会議や「宮城女子力支援プロジェクト」。浅野さんの個人的な縁から広がった、首都圏から広島までインターネットでつながる各地域の女性たちの集まりだ。被災女性のリクエストに応えて物資の支援をお願いしたところ、化粧品、エコバッグ、下着、Ｔシャツ、寝具等々、各地の女性団体や企業から次々と届いた。「こんな高価な化粧品を普段でさえ使わないのに…」とうれしそうに受け取ってくれる被災女性たちの笑顔が何よりの感謝のしるしだ。こうして仙台市内の洗濯代行ボランティアは七月末まで続いた。

ここで生まれた被災女性たちとのかかわりが、その後の仮設住宅での支援活動につながることになるのである。

## 4　女性は弱者ではない――本当に必要な支援とは何か

### ◆支援者を支援する

支援活動の日々のなかで、私自身「集中できない」「体が思うように動かない」「頭だけは妙に冴え、気持ちが高揚する」。そんな時期が続き、人はこのように疲弊していくのだと実感した。私を気遣って京都の友人が自ら撮影した季節の花々のポストカードを送ってくれた。こんな時にも季節はめぐるのだと当たり前のことに、なぜか涙が止まらなかったのを覚えている。

体調面だけではない。同じ被災地に住み、家も家族も無事だったことさえ後ろめたさとなる。「元の生活が戻っている人に私たちの気持ちはわからない」という被災女性からの言葉が胸に痛い。女性たちとの間に微妙な距離を感じながら、でもその無念さや苦しさをどうくみ取ることができるのか。できることは、女性たちのもとに足を運ぶことだけだ。忘れてはいないことだけは伝え続けなければならない。こうした思いをともに共有し、ともに支援にあたる団体の仲間たちの存在は心強い。仕事をしながら、他の活動をしながら、被災地に通う日々。心身の健康は、お互いを鏡としてチェックし合うしかない。こうした状況は私だけではないだろう。支援にあたる人たちは多かれ少なかれ同じ現実を抱えている。支援者の体調面・精神面を観察し、必要に応じてコントロールする「支援者を支援する」人材も欠かせない。

## ◆避難者それぞれの困難に寄りそう支援

避難所の女性たちの現実はまさに人権にかかわるものだ。「職場が被災して解雇され、仕事が見つからない」「子どもやお年寄りの世話に追われて退職せざるを得ない」「シングルで、震災前から隣近所との付き合いもなかった。避難所で、夜中に寝返りを打ったら、隣に見ず知らずの男性が寝ていて体が震えた」「震災前から夫との関係が悪く、震災で仕事を失くした夫は外で酒を飲んで帰ってくると恐ろしくて避難所の談話室に逃げ込んでいる」「子どもの夜泣きが止まらないので、避難所から出て車の中で過ごしている。これからのことを考えるとやりきれない思いでいっぱいだ」等々。

避難所のなかには、様々な人々が避難してきており、事情を抱えている人もいる。震災を機に、問題が深刻化するケースもある。私たちが、二〇〇八年に行なった調査でまとめた提言のなかでは、「女性の視点を反映させた避難所運営」を柱の一つにしており、具体的に「性別に配慮した避難所の設計の工夫」「救援要員への女性の参画」「女性や子どもが被害に遭わないような警備体制」「女性のための相談窓口の設置」を盛り込んだ。抱える問題を相談できる窓口は必須だ。それは、避難所内ではなく、人の目を気にせず相談できる近くの空間にあってほしい。

そして、避難所で暮らす女性だけではない。家族の事情や避難所生活に耐えられないという理由で、自宅に避難している女性たちもいる。一階部分は浸水したが、無事だった二階部分で暮らしている人たち。倒壊寸前だが、避難所よりはいいと自宅で生活している人たちもいた。しかし、自宅避難している人たちには支援物資が届かない。避難所を走り回り、食糧や生活用品を探し歩く女性たち。いい顔はされないが、家族のために、せめて子どものためにと冷たい視線に耐える。「何とか職場は無事だったが、あの日、子どものそばにいてやれなかった後ろめたさから、仕事をパートに切り替えた」「あの恐怖がよみがえってきて、仕事に集中できないので、退職した」。三月一一日は、女性たちに様々に負の状況をもたらしたと言わざるを得ない。

しかし一方には、「せんたくネット」や「えがおねっと」のようにボランティアとして力を発揮した女性たちも数多くいた。津波に遭った仙台市宮城野区岩切地区では、避難が困難な乳幼児を抱えた夫婦やお年寄りのために自ら公民館に臨時の避難所を立ち上げ、必要な物資を持ち寄り、支援を続けた女性たちがいた。日頃から女性の視点で防災宣言をつくる等、地域で積極的な取り組みを展開していた。被災者にとってそれぞれの困難に寄りそったきめ細かい支援がどれほどありがたかったことだろう。

## ◆仮設住宅でのサロンの開催

こうして、四か月以上に及ぶ避難所生活が終わり、仮設住宅での生活が始まった。多くの女性たちは、我慢やあきらめのなかで、自尊感情も低下し、今後の生活に対する不安も加わり、「考えないようにしている」と言葉少なに語る。「元気を出して」などとは言えないが、折れた心を、気持ちを回復してもらいたいと思う。

そこで、避難所で出会った女性たちが住む仮設住宅の集会所でサロン活動を始めた。マッサージや手仕事などホッとする時間のなかで、お茶を飲みながら共に過ごす。それだけだが、少しずつ三月一一日が語られ始めている。「震災前は農家だったから、毎日畑仕事をしていたが、津波ですべて流されてしまった。仮設では何もすることがない」「震災前は仕事をしていたので近所の人との付き合いはなかった。仮設でも知り合いはいないし、集まりがあっても入りにくい」「仮設住宅にいると、何もすることがないので、これからどうしたらいいのかばかりを考えている」「自宅があった場所に様子を見に行ったが、畑や田んぼは雑草だらけだった。家も雑草におおわれていてわが家であってわが家ではなくなっていた」「家に帰りたい。ここは家ではない」「つい自分の被害と他の人の被害を比べてしまう」「津波で畑の土を全部持っていかれた。農機具も買わなければならないし、もう畑はあきらめた。震災前までは、自分で作った野菜をみんなにあげていたのに。今はもらったり、買ったりしている。情けない」等々。

## ◆産直市や手作り品制作・販売――自立に向けた支援へ

仮設住宅の入居と同時に、被災者は経済的にも自立に向かわざるを得ない。避難所で受けた日常的な支援には頼れない。それだけに、誰にとっても、生活の再建が果たせるかどうかが差し迫った不安要素になっている。同時に、私たちボランティアも支援のあり方を考える時期を迎えている。自立に向けた支援はどうあったらいいのか。生活再建をめざす女性たちに必要な支援とは……。

そこで、私たちが通う仙台市宮城野区の「岡田西町公園仮設住宅」で産直市や女性たちが楽しみで作り始めた手作り小物の販売を提案し、実践を始めた。まず、各仮設住宅で産直市を展開している団体の協力を得て、被災者に野菜や果物を安価で買ってもらうことにした。無料でない点がこれまでと違う。農家への支援にもつながる。少しでも、元の生活に近づく一歩につながればと思っている。

そして今、女性たちは、支援物資の毛糸等を使い、マフラー・帽子・エコたわし・花瓶敷きなどの手作り品の制作に力を入れている。自分たちでラッピングし、ボランティアの協力でロゴ入りシールやメッセージカードも完成した。カードには、「生かされておかげさま」「毎日を精一杯頑張るよ」等のことばが並ぶ。価格を考えるのも自分たちだ。一点ものの商品が出来上がり、女性たちの表情も輝く。私たちに託してくれた手づくり品をイベント等で販売している。販売の場所では、被災女性たちも売り手に加わり、売上げに貢献してくれた。何もかも失い、打ちのめされた女性たちの再起の一歩を支えていきたいと心から思う。

これからは、被災女性たちに必要な本当の支援とは何か。当事者である女性たちとともに考えていかなければならない。

## ◆語りはじめた女性たち

私たちは、あの三月一一日を体験した被災地に住むすべての人々が被災者だと考えている。被災状況にかかわらず、あの日、誰もが衝撃を受け、誰もが痛みを経験した。特に女性たちの体験は胸に迫る。「津波が迫ってくるなか、子どもを背負って必死で逃げた」「車のなかで首まで水につかりながら、何とか助け出されて、九死に一生を得た」「あの日の揺れがからだによみがえってきて眠れない」。

そこで、仮設住宅の他に、児童館や市民センター等の公共施設を会場に、地域に住む女性たちに向けたサロン活動を幅広く行なうことにした。子育て中の母親たち、障がい児(者)と暮らす母親たち、被災者支援にあたった女性たち等、対象を絞って少人数で語り合う場だ。家や家族が無事だった女性たちに共通しているのは、「自分は、家を流されたり家族を失くした人たちから比べればまだまし。自分の痛みなどたいしたことない」と飲み込んでしまっている点だ。しかし違う。その痛みを痛みとして認め、いたわってあげる必要がある。サロンの場で聞こえてくる「ようやく話せた」「話していいんですね」「吐き出す場がほしかった」「わたしだけではなかった」

の言葉が何より女性たちの辛かった体験を物語っている。

二〇一一年一〇月に開催したシンポジウム「支援者が語る～被災地の女性たち～」。避難所で支援にあたった女性の施設職員は「からだも心も疲れ切ってしまって、いろいろ要求してくる被災者に対して、正直もう顔も見たくないと思ってしまった」という。

翌一一月の「震災を超えて～女性のための語り合いサロン～」では、仙台に転勤して間もない女性が「近くに知り合いもなく、帰宅の遅い夫を待ち、ただ恐怖の時間を過ごした。その後も孤独感が募り、誰かと話したいと思い、ここに参加した」と話す。病弱な夫の母と暮らす主婦は「大丈夫といって避難しようとしないおばあちゃんを説得して連れ出すのが大変だった。死ぬかもしれないと思った」と涙を流した。さまざまな三月一一日が語られた。地域の児童館と共催のサロンでは、子育て中の母親は「核家族で、いつも子どもと二人、しっかりしなければと思いながら、どこにどう避難したらいいのか、涙が止まらなかった」という。

「震災を超えて～障がい児(者)の母たちのための語り合いサロン」では、「避難所で夜中に子どもが奇声を発して周囲の人を驚かすので、いたたまれなくなって危険だったが自宅に戻った」「子どもを一人にしておけないので、マンションの一室で、買物にも行けず何日も過ごした」等、不安と恐怖の日々を話す。子どもや高齢者、障がいのある家族を世話しながら、自分一人の意思では行動できない女性たちが、この震災をどう乗り切ったのか。こうした人たちこそ最優先に支援の対象となるべきではなかったのか。震災をめぐる胸中が吐露されるサロンの場は貴重だ。この過程がなければ気持ちを取り戻すことはできない。これからもこのサロン活動を継続していかなければと思っている。

## 5　復興の場に女性の参画を

災害時、女性たちが抱えた困難は、それぞれ個人的な体験のように見えるが、そこには解決すべき社会的課題が数多く存在している。二〇〇八年に取り組んだ「災害時における女性のニーズ調査」をもとにまとめた六項目の「女性の視点からみる防災・災害復興における提言」を改めて提起したい。一項目目に掲げた「意思決定の場における女性の参画の推進」は特に重要だ。女性たちは弱者ではない。生活者の視点を持ち、地域についても熟知している。地域の防災力向上に十分貢献できる力をもっている。

もちろん男性にも「女性」の視点が必要だ。いずれ、「女性」が消える日がきてほしいと思う。しかしそのためにも、多くの女性たちに避難所、仮設住宅、復興検討会議等々至るところの意思決定の場に参画してほしい。女性の声を政策提言にまでつないでほしいと思う。復興検討会議にも女性委員は少ない。仙台市の場合、一六人中三人が女性で、私もその一人に加わることができたが、ともすれば、女性たちをめぐる問題が埋もれてしまう心配がある。

被災者支援のプログラムは多様であるべきだ。女性をめぐる課題だけでも健康・住まい・仕事・家族・地域等々山積みだ。特に仕事は、土木建築関係は急速に増えているが、女性が選択できる仕事は多くはない。ケアの必要な子どもやお年寄りを抱えながら仕事ができる環境も整っていない。「家族愛」や「地域の絆」が強調されるなか、性別役割分担が強化され、女性たちの生活を息苦しいものにしている様子もみられる。被災者は多様である。一人ひとりに寄り添った支援が考えられなければならないだろう。

阪神・淡路大震災以降、国も「防災と男女共同参画」に取り組んでいる。二〇〇五年には、第二次男女共同参画基本計画に新たな取り組みを必要とする分野に「防災・災害復興」が盛り込まれた。二〇一〇年には、第三次男女共同参画基本計画に「地域、防災・環境その他の分野における男女共同参画の推進」が柱として立てられた。全国各地で、さまざまな形の「災害・防災と男女共同参画」が語られている。

マスコミでも、女性に配慮した避難所運営の必要性が取り上げられ、全国の女性たちのなかにも被災女性に対する支援の輪が広がっている。過去に災害を経験した女性たちからの支援は特に心強い。他の被災地を鏡として自らの置かれた立場や矛盾に気づき、その改善に取り組みながら、エンパワーメントしていくことができる。女性たちの力が防災・災害復興の主体として期待できる。「災害時に取り残される人を救う」から「災害時に困難を抱える人を生み出さない」社会を目指していくには、女性の視点が不可欠であることを改めて強調したい。

震災から一年が過ぎた。がれきの処理は進んでいるが、コンクリートの基礎だけが残る景色は何とも言葉にならない。復興に向けた歩みは始まっていても、被災女性たちの明日はまだ霧の中だ。私たちのボランティア活動は一握りのものに過ぎないが、そこには間違いなく、元の暮らしを取り戻そうとする息づかいがある。まちづくりに込める思いも伝わってくる。その思いを大切に、誠実に女性たちと向き合っていこうと思う。

column 1

## 宮城女子力支援プロジェクト

五十嵐美那子

首都圏の女たちが動いた――。

本書執筆者・浅野富美枝さんと宗片恵美子さんのお見舞い訪問のために、東京後方支援と称して、個人ではじめた女性視点の物資送付が始まったのは五月の連休前。その話をたまたま仕事関係の女性に話したら、「協力できるわ」と友人・仕事仲間に一斉メール。

こうしてインターネットで南は広島、北は北海道までつながった物資集め・送付が始まった。プロジェクトのネーミングは参加者のお一人からいただいた。キャッチフレーズは「女性のための支援―自分の家にあるものを送ろう」。と言っても、ずいぶん自費購入した品々もあった。送料も自費。ママ友、会社関係、お客さま関係、小学校の先生、お稽古教室仲間などなどが各地でグループを作ってそれぞれ物資を集め、リーダー格に送って浅野さんへ。そこから仕分けされ各地の避難所へ。

参加者は二〇〇人余り。その裏にはたぶん数百人の人がいる。送付段ボール総数は二〇〇箱か？　その数も把握できないほどの迫力ある協力だった。女性だからこそ、被災女性が声にしてくれたニーズをよく理解できた。化粧品サンプルからポーチ、バッグ、手鏡、裁縫道具、もっと支援したいとアクセサリーまでさまざま。夏場にはTシャツ、タオル、折り畳める帽子。企業に話がつながり、大口の支援もいただいた。お蔵に入っていた三〇〇枚のブラジャーを発掘したチームもあり、たくさんの秘話がここにはある。

皆さん一様におっしゃったことは「お金を出すだけじゃなくて、もっと違う何かをしたかった。こうして女性に直接手渡してもらえる、こんな支援をしたかった。声をかけてくれてありがとう。これからも続けよう」。

浅野さんから個人的な「お見舞い訪問報告メモ」をいただき、そのなかで送った物資が活用されている・喜ばれていること、「避難所の女性のいま」の情報はみんなを刺激した。励みになり、喜びにつながった。それとともに、自分の周りで支援物資集めをいっしょにできる仲間・つながりがある・新しい出会いができた、というもう一つの喜びもあったのではないか。

七月末で第一次は終了し、二〇一二年一月半ばには、第二次「仮設住宅で作る手工芸品の材料を集めよう」支援も無事終了した。ゆるーくつながったこの支援プロジェクトは、被災地外の地域の女たちが支えている。

[第２章]

# 登米市
# 男女共同参画の取り組みを支援に拡げる

# 「えがおねっと」の活動——南三陸町・被災女性への支援

須藤明美（宮城登米えがおねっと代表）

## 1　畜産・水稲農家の困惑とお見舞い訪問の同行

### ◆震災で産気づいた牛たちとセシウム汚染の心配

「その日」は午前中、宮城県産種牛「茂洋《しげひろ》」の勉強会に参加し、帰り足に車を修理工場へ預けて帰宅しました。ほぼ同時に帰ってきた小学校三年の息子が、近くの実家の母のアパートに遊びに行きたいというので、それを伝えるため電話をしていると揺れが始まりました。どんどん強くなる地震、テレビをつけるとすぐ停電になり何も見えなくなりました。

買ったばかりのテレビをおさえたまま、電話の向こうでパニックになり叫んでいる母の声を聞きながら、外の電線が波打っている様子を見ていました。息子は炬燵の中に隠れ、姑は裸足で外へ飛び出していました。大騒ぎで母はなかなか電話を切ろうとしません。「後で行ってみるから」と無理やり電話を切りました。長かった揺れがやっとおさまり、気が付くと息子も外へ出ていました。

わが家は稲作と牛を繁殖する専業農家で、畜舎は自宅から約一キロほど離れた山の上にあります。地震後まもなく畜舎から夫が戻ってきて一緒に実家へ様子を見に行きました。母の無事を確認して戻る途中、今晩は料理ができないかもしれないと思い、コンビニで五人分のお弁当などの買い出しをしました。隣で買い物をしていた年配の女性が、「私、これから石巻に帰るのよ。あっちもたぶん停電してるから食料買っていかなきゃね。」と言っていました。このときはライフラインがそんなに長くストップしたり、まして石巻が津波で大変な状況になっているとは想像もしませんでした。

その後、夫だけ畜舎に行き、私はめちゃくちゃになった台所をかたづけていました。台所や畜舎でいつもラジオを聞いていますが、何を勘違いしたのか「停電だからラジオはつかない…」と思いこんでいて、しばらくして、ふっと「乾電池だった」と思い出し、ラジオをつけた途端に聞こえてきたのは、「荒浜で二、三百の遺体が浮かんでいるとの情報が…」。

「えっ？　なにそれ？」

そこで初めて大津波が来たことを知りました。

畜舎から戻った夫が、「地震で刺激されたのか、予定日より早いけど牛が生まれそうだ。」というので、夫と息子の三人で畜舎へ行き、息子に懐中電灯で照らしてもらって、何とか無事出産させました。生まれたのは雌で、息子が「つなみ」と名づけました（名前は出荷時に必要）。

当時他の町では断水になっていました。牛は一日一頭につき約四〇リットルの水を飲みますが、私が住む登米《とよま》町《まち》は浄水場が近くなので断水もせず、飲み水が確保できたのは助かりました。水が出ない所では川の水を汲んできて飲ませたりしたようです。不便だったのは、電話が通じないため飼料の注文ができず、ガソリン不足の中、片道一時間弱かけて、飼料を買いに行かなければならなかったこと、ガソリン節約のため、一日二回、山の上の畜舎まで自転車で通わなければならないことでした。

二日後、修理で預けていた車を取りに行き、わが家で唯一テレビが付いている車のテレビに映し出された津波の映像を見たときはショックでした。私の兄嫁の実家は南三陸町、夫の従弟も石巻漁港近くの職場でしたが、みんな間一髪で逃げて助かり、他にも親類の何人かは直接津波の被害を受け、家が流された人もいましたが、幸い皆無事でした。

あとで知りましたが、このときの登米市の被害は行方不明者四名、負傷者五一名、市外で震災により死亡二一名の人的被害と住家の全壊一八四棟、半壊一〇六八棟、一部破損二八〇〇棟など甚大なもので、多くの人たちが避難所生活を送ったようです。

私の住む町でも電気がつくまで一週間かかり、皆と同じように、ガソリンスタンド、スーパーに並びましたが、当時は、「生きていて、自分の家に住めるだけでも幸せだよね。」と会う人ごとに言っていました。

四月に入り、生活が少し落ち着いてきた頃、四月開催の子牛市場が延期になりました。これは畜産農家にとっては、給料が出ないのと同じです。五月に開催された市場では、放射能の風評被害で競り価格が安くなってしまいました。その後、牛の餌となる登米産の稲わらからセシウムが検出され、このときは「登米産」というだけで、登米市の牛はすべて危ないと思われて出荷できないのでは？　と畜産農家のあいだではさらに不安が広がったのです。うちのような繁殖牛の子牛は出荷できましたが、その子牛を買って肉牛に育てる肥育牛は、少しのあいだ出荷停止となりました。

稲作の方は田に水を引く水路が、地震によるひび割れのため田植えが例年より遅れました。放射能の影響を受けていないか、米になるまで心配な日々が続き、稲刈りの前と後には、農林水産省によるセシウム検査が宮城、福島など十四都県で行なわれました。登米市では検出されず、ひと安心しましたが、一一月下旬になってから福島で汚染米が出たりなど、今後も登米市でも放射能汚染の問題が出るのではと心配して過ごさなければなりません。これは、今年だけの問題ではなく、これから何年かは続くのではないかと思います。

## ◆条例策定委員有志で避難所お見舞いへ

「えがおねっと」は、二〇一一年四月施行の「だれもが活き生きと暮らせる登米市男女共同参画推進条例」策定委員有志で結成した団体です。

活動のきっかけは、四月末、当時登米市役所市民活動支援課男女共同参画担当係長で条例策定担当者の三浦徳美さんから、特定非営利活動法人イコールネット仙台代表・宗片恵美子さん、条例策定委員長で宮城学院女子大学教授の浅野富美枝さんが、市内に設置された避難所をお見舞い訪問するので同行しないかとのお話をいただいたことでした。登米市は津波の被害が痛ましい沿岸部の南三陸町・石巻市・気仙沼市と隣接しています。そこで市内一二か所の避難所に南三陸町から約八百人の被災者を受け入れていました。自宅の近くに避難所がありながら、気になってはいましたが、なかなか伺うこともできずにいたので良い機会と思い同行させていただきました。

しかも、女性だけを集めてお話を伺うとのことだったので何か役に立てることがあるのでは？　と考えていました。

市内七か所の避難所にお見舞い訪問し、二五〇名の女性が参加してくださり、私はそのうち自宅近くの避難所に同行しました。女性たちのお話を伺うと、避難所は大変な状態で、皆さん一か月以上もよく我慢してこられたと思いました。


「支援物資は来るけれど、サイズの合う下着がない。」

「支援物資で来た服が気に入ってもサイズが合わないので直したいけど、裁縫道具がない。」

「生理用ナプキンを避難所運営の男性職員に貰いに行かなくてはならない。」

「更衣室がないので着替えは布団にもぐってしなければならない。」

「更衣室があっても男性トイレの隣なので利用しにくい。」

「スキンケア化粧品がなくて、肌がガサガサ。」

「これから銀行やハローワークに行く機会が増えるが、メーキャップ化粧品がないので素顔で恥ずかしい。」

「化粧品はぜいたく品と思われているようで要求しにくい。」

「食事当番が女性達の役割で朝早くから夜遅くまでかかり、当番の日はお風呂に入れない、徐々に働き始める人が出てきたので当番は限られた人になってしまう。」

「義援金をもらっても家族のものを優先して買ってしまい、自分のものは後回し。」などの声があがりました。

## 2　条例策定委員有志で女性視点の支援をしよう

### ◆「えがおねっと」の立ち上げ

二代目江戸家小猫さんに作っていただいたえがおねっとのロゴ。色はピンク。6枚の花びらは、メンバー6人の思いを表現してくださっています（80ページ参照）。

お見舞い訪問後、市民活動支援課男女共同参画担当から、「女性視点の被災者支援が抜け落ちている。条例策定委員で会を立ち上げてはもらえないか」、という相談が持ちかけられました。

登米市の条例には「男女の個人としての人権が尊重され、男女が直接的にも間接的にも性別による差別的取扱いを受けることなく…」とあり、登米市での男女共同参画社会実現のひとつとして、避難所の女性の声に何とか応えるべく私たち条例策定委員として何かできることがあるのでは、と委員だった四人に呼びかけると皆、「もっと何かしなければ」「何かしたい」と思っていたと語り、快く参加をしてくれることになりました。

代表には私、副代表には子育てをしながらヨガインストラクターをしている小野寺寿美子さん、会計にはピアノ講師で登米市教育委員の小野寺範子さん、監事には印刷所を経営している皆川洋子さんと仙台に事務所を構えて自営業をしている元民生委員の長谷浩子さんが決まりました。小野寺寿美子さんは、小さなお子さんがいる関係で「ママ友」とメールでつながり支援し、幼稚園では子ども支援を立ち上げて軌道にのった直後でした。みんな義援金や支援物資を送るなど思いが募っていたところです。

まずは、すぐに使えるようにと私たちも会費を出し合い、団体名をみんなで考えることになりました。「ハート」「笑顔」「ハッピー」「スマイル」…なんとなく幸せを感じるような言葉がいろいろ出てきました。最終的には、「被災女性に一日でも早く笑顔を取り戻して欲しい、そして、私たちもそれを見て笑顔になりたい、そんなネットワークができたらいいね。」ということでまとまり、やさしい雰囲気になるからと、ひらがなで「えがおねっと」。最初は、女性視点での一回限りの物資支援を行なうという目的により、当初七月三一日までの活動期間を予定していました（実際は二〇一二年三月末まで延長）。

活動にあたっては市の後方支援が必要と考え、布施孝尚《たかひさ》市長に避難所へのお見舞い訪問で聞き取った女性たちの声、女性視点での災害支援物資が抜け落ちている状況をお話し、何とか支援したいので市でも協力していただきたいと訴えたところ、市長も私たちの話から避難所の女性たちの置かれている現状にはやや驚いたようでしたが、快諾していただき活動が始まりました。

### ◆意思疎通を目指した支援体制

いよいよ活動が始まり、市民活動支援課の協力をいただき、一人ひとりの具体的なニーズを探るパーソナルリクエスト票を配布することになりました。このパーソナルリクエスト票は、ボランティアと調査に入ってこられた大学の先生に教えていただきました。リクエスト票には年齢・身長・体型、普段使っている化粧品のメーカー、化粧品のアレルギーの有無、ショーツ・ブラジャー・肌着のサイズ、生理用品の使用タイプ、避難所で希望するサービス、行事などの希望を記入いただき、記入内容が見えないように折って両面テープで封をして戻していただく仕様でした。

ニーズ調査は市内の避難所にいる四三〇名の方を対象として五月一一～一三日に記入いただき、二七六名の方から回答いただきました。

えがおねっとでは物資の配布にあたって、ニーズ調査に回答いただかなかった方には、いかなる理由でも配布

## パーソナルリクエスト　リスト票

No.

| 年齢 | 10代 | | | 20代 | 30代 | 40代 | 50代 | 60代 | 70代 | 80代 | 90代 |
|---|---|---|---|---|---|---|---|---|---|---|---|
| | 中学生 | 高校生 | その他 | | | | | | | | |

| 体型 | |
|---|---|
| 身長[　　　]cm<br>靴[　　　]cm | ぽっちゃり型・がっしり型・普通・やせ型 |

| 普段使っている化粧品メーカー | |
|---|---|
| | 花王<br>資生堂<br>その他[　　　　　　　　　　] |
| | ※ アレルギー等で特定のメーカーしか使えない方は<br>レ点でチェックしてください→□ |

| 下着類 | | |
|---|---|---|
| (　　) ショーツ　サイズ　S　M　L　LL | | |
| ブラジャー | (　　) ノーマルタイプ　サイズ[　　　　]記入例 75・B | ※どちらかを選択してください |
| | (　　) スポーツタイプ　サイズ　S　M　L　LL | |
| (　　) ブラカップ付キャミソール　サイズ　S　M　L　LL | | |
| 肌着 | (　　) 半そでシャツ　サイズ　S　M　L　LL | ※どちらかを選択してください |
| | (　　) タンクトップ　サイズ　S　M　L　LL | |

| 衛生用品 | |
|---|---|
| (　　) 生理用ナプキン（昼用・夜用をセットにしてお届けします） | ※両方選択も可能です |
| (　　) 生理用タンポン | |
| (　　) サニタリーショーツ　サイズ　S　M　L　LL | |

**避難所で希望するサービス・行事など**（いくつでも○をつけてください）

(　　) ヘアカット　(　　) パーマ　(　　) カラーリング

(　　) ハンドマッサージ　(　　) フットケア　(　　) マッサージ・整体

(　　) 話し相手が欲しい　(　　) 相談相手が欲しい　(　　) 手工芸品づくり

(　　) 間仕切り　(　　) 男女別の洗濯物干し場　(　　) 大きな鏡

その他[　　　　　　　　　　　　　　　　　　]

※ ご希望の支援の（　　）とサイズに○をつけてください。

※ 場合によってはお応えできないこともありますので、ご了承ください。

お名前

受付番号

避難所の女性たちに配ったパーソナルリクエスト　リスト票

はしないことと決めました。私たちも物資を集める都合上、あとから要望されても対応しきれないのではないかということもありましたし、何よりも、困っている女性個人にパーソナルな支援をしていくためにはきちんと意思のキャッチボールができた方とでないと、何でもいいからという一方的な支援ではえがおねっとの意味がないと話し合い、みんなで決めました。

今後、行政などで、このようなリクエスト票を女性版だけではなく、高齢者用や乳児のいる方用など、あまり細かくないレベルでよいので用意しておき、大規模災害時にすぐ支援物資のニーズ調査ができるようにしておくのもよいと思います。

### ◆活動の信頼を得られた行政のバックアップと物資の保管場所

市民活動支援課の協力でリクエスト票を回収して集計をしている傍らで、物資を募る活動をしなければなりません。

ここでも登米市にバックアップしてもらっているということが、とても大きな効果でした。物資や資金協力を呼びかけるにしても、このようなボランティアが初めての私たちには、どこにどのように呼びかけていいかもわからず、呼びかけたとしても、海のものとも山のものともわからない小さな団体に気前よく協力してくれるとは思えません。このとき心強かったのが、登米市が後方支援をしているという事実でした。

登米市から後方支援していただいたのは以下の三点です。

①五月中旬、登米市内に設置された避難所の被災女性に対するパーソナルリクエスト票の配布、回収、データ整理

②登米市の男女共同参画施策に関わっていただいた関係者の方々へ、えがおねっとに対する協力のお願いと情報

発信

③企業等への支援依頼にあたって、えがおねっとが行なう女性支援に対し、登米市が後方支援をしているという情報発信による信用支援

そのおかげもあって、登米市市民活動支援課男女共同参画担当と懇意にしている立教大学教授・萩原なつ子さんからの申し出により日本家政学会から裁縫箱、化粧品メーカーから洗顔フォーム、化粧コットン、生理用ナプキン、尿もれパッドなどの協力をいただいたり、地元大学の先生より下着購入の支援金、宗片さんや浅野さんからは、下着やバッグ類、化粧水などをいただきました。そしてメンバーの個人的な「つて」を使って支援金で下着類を卸価格で購入させてもらうことができたりと、いろいろなところからたくさんの好意をいただき、ぞくぞくと物資が寄せられてきました。

物資が集まるのはたいへん嬉しいのですが、困ったのはその保管場所でした。物資を保管するだけではなく仕分けもしなければならないので、ある程度の広さが必要です。はじめは小野寺範子さんから、南三陸町の復興市に協力している登米市観光物産協会にお話してもらい、同じ南三陸町の支援者として、えがおねっとの活動にご賛同いただき、空き店舗をお借りすることができました。

## 3　「わたしをいたわろう〜ちょっとのんびりタイム」の開催

### ◆化粧品は贅沢品？

リクエスト票による物資支援に先立ち、まず五月中旬から化粧品メーカーと一緒に「わたしをいたわろう〜ち

ょっとのんびりタイム」というタイトルで避難所訪問をする計画が立ちました。女性視点の被災者支援に共感いただいた大崎市の化粧品店が、メーカーの協力のもと、避難所の女性にフェースマッサージやハンドマッサージをしてくれるうえに、基礎化粧品を提供してくれるというのです。その話を聞いたとき、私たちは「女性たちがどんなに喜ぶだろう!」とこちらまで嬉しく思っていましたが、いざ各避難所の代表（男性）に話を持っていくと、一部の避難所では、「避難生活中にそんな贅沢品は必要ない。」と言われました。

そこで、四月に避難所訪問をしたときの女性の要望と、女性にとって化粧品は、日常生活のなかで当たり前に使っているものであることを伝えました。代表の方は、あまり納得していないようでしたが、開催はしてもよいとの返事をいただきました。このころ、テレビや新聞で食料支援として避難所でまぐろの寿司や牛肉のステーキが振る舞われたり、というのを目にしていましたが、化粧品は女性だけだから贅沢品で、男性も食べられるまぐろや牛肉は贅沢品ではないという感覚なのかしら?　と思ったものです。

私が化粧品メーカーに勤務していたころ、「老人ホームのおばあさんたちにマッサージやメーキャップをさせていただいたら、笑顔が戻った。」という話を聞いたことがあります。メーカーは化粧をすることによる女性の心理効果を知って、それを実践するため、被災地の女性に化粧品を贈ろうと一万二千円相当のセットを三万セット用意したそうです。さらにフェースやハンドマッサージも被災者一人ひとりに施せるようにと、美容部員だけではなく、接客の体験がない本社や製品工場の男性を含めた社員の参加希望を募り、マッサージ訓練をさせて、「ビューティーボランティア」と称して岩手・宮城・福島県の避難所をまわる活動をしていたのには、とても感激しました。

◆ピンクのユニフォームで被災者のお話を聞く――男性にも喜ばれて

その会場でのえがおねっとの役割は、えがおねっと平均年齢五二歳（？）にもかかわらず優しさを感じるからと選んだピンク色のヨットパーカをユニフォームにして、マッサージの順番を待っている方々にお茶を出しながら、皆さんとお話をすることでした。

はじめ私たちは「震災当時の話や津波の話には触れてはいけないかも…。」と思っていましたが、皆さんのほうから津波や当時の大変だった話をする方も多く、「大変だったことを誰かに聞いてほしい。」「話すことで癒やされる。」という気持ちが伝わり、一緒になって涙しながら話を聞いたりしました。終わり頃にはもう何年も前からの知り合いのようでした。

皆さん、はじめは会場にちょっと構えて入って来ましたが、マッサージやティータイムで癒やされたせいか、帰りにはどなたもニコニコ笑顔になっていました。帰り際には「ありがとう」と握手を求められたりもしました。メンバーも、それぞれ忙しい時間をやりくりしての参加でした。私は、この時期震災の影響でやや遅れた田植えの最中で、朝四時から夫とふたりで田植えをし、日中はえがおねっとに参加しました。付き合わされた夫はたまったものではなかったでしょう。そんな忙しい中での活動でしたが、参加された皆さんの笑顔を見ると、正直、「やって良かった。」と感じました。

そしてもうひとつ嬉しいことは、最初は開催を渋っていた避難所代表の男性から、女性たちがニコニコしているのを見て、「母ちゃんたちがあんなに喜んだの見てびっくりした～。これでしばらくは母ちゃんたちの機嫌も良いので助かる。」と言われたことでした。

この「のんびりタイム」は、開催するに至った経緯を含め、宮城テレビの「ＯＨ！バンデス」や全国放送の

「NEWS ZERO」、新聞にも取り上げられたので、避難所での女性の実情が少しでも伝わったのではないかと思います。実際、「新聞で見ました。」と、アレルギーの方のための化粧品を送ってくださる方もいました。

この活動が功を奏したのかどうかわかりませんが、ある避難所では、女性リーダー制ができて女性の問題は女性同士で話し合い、それを避難所運営責任者に直接伝えることができるようになりました。そこで、女性用更衣室がなかった問題がさっそく出され、衝立で囲われた更衣室が設置されました。ここでは着替えだけでなく、小さな子どもを遊ばせることもできました。また、台数が足りなく苦労していた洗濯機も増えたそうです。

## 4　地元の医療情報提供と二七六名のパーソナル支援物資の配達

### ◆医療情報を知らせる支援

「のんびりタイム」会場を回っていて気になったのが、「子ども連れが多いけれど、子どもが病気や怪我をしたとき、どうしているのかな?」ということでした。もしも私が同じ立場だったら、全く知らない土地での初めての病院は不安に思うと考えました。

そこで、同じ子どもを持つお母さんからの病院情報があればありがたいのではと思い、私がかかわっている「登米市の医療を考える会」のメンバーに登米市内の病院情報を集めてもらい、会報『ありがとうの花』に特集「お母さん達のクチコミ情報」を地図と合わせて発行しました。

私が男女共同参画に関わり始めたきっかけが、じつはこの「登米市の医療を考える会」からなのです。登米市公立佐沼病院（現・登米市民病院）の分娩受け入れ停止・入院病棟廃止、小児科入院病棟廃止に不安を持った母

子育て中のみなさんへ
登米市のお医者さんを紹介します！

Free Paper「ありがとうの花」
Vol.1

おかあさん達のクチコミ情報

私たち「登米市の医療を考える会」は、登米市立病院の産科の分娩中止、小児科の夜間・休日診療休止・入院病棟閉鎖に不安を持った母親たちが中心となって２００７年９月に発足しました。今回登米市内の母親の皆さんに協力をお願いし、市内の病院の情報を集めました。少しでも皆さんのお役に立てれば、と思っています。（裏面の地図には、番号で表示しています）

登米市の医療を考える会　代表　須藤　明美

★追町

①佐幸医院
Tel 0220 (22)
「小児科とはなっていませんが、１才から診てもらえます。待ち時間が少ないので子供にとってとても良いです。」
「水曜日・金曜日は１９時まで診察OK！」
「子供の急な病状の変化に、早い対応をしていただきました。」

②登米市民病院　小児科
Tel 0220 (22)
「受診までの待ち時間があまり長くないので、助かります。皆さん優しいので、相談しやすいです。」

③プレミアム歯科
Tel 0220 (23)
「診察台一つ一つにTVが付いていて、子供はそれに夢中になっている間に治療が終わります。ロックタウン佐沼の中なので、それも便利！」

④中江歯科クリニック
Tel 0220 (22)
「保育所の園医なので安心です。　歯科衛生士さんもとっても優しいです♪予約はわりと取りやすかったです。」

⑤上杉皮膚科医院
Tel 0220 (21)
「ちょっと混んでますが、インフルエンザの予防接種や花粉症の予防薬も出してくれますよ。」

⑥森　整形外科医院
Tel 0220 (22)
「学生は朝、優先的に診察してもらえるので助かります。」

⑦八木小児科医院
Tel 0220 (22)
「施設がきれいで、評判も良い。とっても混んでいますが、携帯電話で混雑状況や順番待ちを確認できるので、便利です。」
「院内では常に、アンパンマンなど子供向けDVDが放映されているので、子供も喜びます。」
「火・木曜日の１４時〜は、先生が２名で診察なので、あまり待ちませんよ。」

⑧さぬま中央クリニック（耳鼻科）
Tel 0220 (21)
「待合室にキッズスペースがあります。先生、看護師さん共に優しいです。ただし、土曜日はすごく混みます。」

⑨ちば歯科クリニック
Tel 0220 (22)
「施設がきれいで衛生的。スタッフは若い人が多く、優しいです。けっこう混んでいますので、早めに予約をしたほうがいいですよ。」
「予約が必要ですが、先生が優しく無理に治療を薦めたりされませんでした。私の子供は５才から行ってますが、嫌がりません。」

⑩結城産婦人科医院
Tel 0220 (22)
「最新の４Dがあり、お腹の赤ちゃんと対面できます♪先生もとても優しく、こまかく色々な話をしてくれます。安心します。」
「お産の際、畳敷きの一人部屋でしたので落ち着きました。」

＊あくまでこちらに寄せられた、個人的感想です。診察内容等お問い合わせの上受診下さい。



会報『ありがとうの花』の特集「お母さん達のクチコミ情報」
（登米市の医療を考える会発行）

親たちで立ち上げた会で、その縁で登米市男女共同参画基本計画策定委員になり取り組んでいくうちに、医療の充実も男女共同参画には重要な要素なのだとわかりました。

会報は千枚印刷し、避難所を中心に配布を始めると、市でさらに三百枚コピーして避難所にいる子育て中の方に配布してくれることになりました。市民にも活用してもらえればと市内の幼稚園やスーパーでも配布、あっという間になくなり、「他県に嫁いだ娘が孫を連れて避難してきて、病院情報がわからずにいたので参考になる。」という声も聞かれました。

## ◆物資の仕分けと袋詰め

「のんびりタイム」が終了した五月下旬、倉庫が支援物資でいっぱいになってきた頃、物資仕分けの手順打合せの会議に、小野寺範子さんが「こんな袋、みつけたよ。」と、赤いハートのイラストに「みんなの力で日本を元気に！」という言葉の書かれたレジ袋を持って来てくれました。私はその袋を見たとき、感動で鳥肌が立ちました。おそらくメンバー全員もそういう気持ちだったと思います。

さっそくその袋を取り寄せ、物資の仕分け・袋詰めが始まりました。「のんびりタイム」のときと同様、メンバーそれぞれの時間をやりくりして、仕分け作業に参加しました。たくさんの物資の中から二七六名の女性一人ひとりの希望の品やサイズを、なるべく年齢に合わせて探し出し袋に入れるという作業をひたすら繰り返しました。詰めてみると、ひとりにつき袋が三つになり、「結構貰いであるよね。」とメンバーだけで自己満足していました。

ハートマークのレジ袋に入れて

◆本当に持って来てくれたんだ！

六月三日には、立教大学の萩原さんが四代目江戸家猫八さんと二代目小猫さんを連れて私たちの倉庫までお見舞い訪問にきてくださいました。作業を見た猫八さんたちから、「一人ひとりにこうして仕分けして渡すのも大変だけど、気持ちは通じるよね。」とおっしゃっていただき、私たちも救われた感じがしました。このときのご縁で、のちに絵の得意な二代目小猫さんにえがおねっとのロゴマークを作成していただきました。

猫八さんたちと避難所を訪問し、物資を直接手渡すと、受け取った方から、「こんなに貰えるの！」と驚きの声が上がりました。特に喜んでいただいたのは、裁縫箱でした。本当に日常あって当たり前のものがないのだなと改めて感じました。

次の日からも手分けをして、各避難所に配布に行きました。一人三袋の物資を自分たちの車に積んで行くのですが、人数の多い避難所に持って行くときは、多すぎて積むと後ろが見えなくなってしまうほどでした。

物資を渡すときに何かリラックスという付加価値をつけられればと、「のんびりタイム」のときと同じようにはできませんが、都合のつくときには、ハンドマッサージ、眉デザインをサービスすることにしました。眉デザインをしてくれたのは、石巻市で化粧品店を営んでいる、私の会社員時代の友人です。彼女の店は半壊の被害にあいました。「無償で行く」と言われましたが、これもひとつの災害支援と考え、日当を払って来ていただきました。

私はこの時期、牛に食べさせるため転作田に植えている牧草を採取する仕事があり、近所の農家数軒と協力しながら行なうため休むわけにもいかず、時間のやりくりに苦労しました。

各避難所で皆さんに物資を渡すと、必ずといっていいほど「こんなに貰えるの！」という言葉が返ってきました。それと同時に「本当に持って来てくれたんだ。」という声も聞かれました。今まで、『何か必要なものはないですか？』と聞かれて答えても、持って来てもらったことがなかったという方もいました。それがリクエスト票の回収率につながったのかもしれません。

「本当に貰えるのなら、（リクエスト票を）出せばよかった。」と残念そうな方もいらっしゃいましたが、私たちは当初決めたとおり、申し訳ないのですが、リクエスト票を出していただかなかった方にはお渡しできない旨を伝えました。

## ◆物資を受け取る人たちの姿と公平性

避難所生活も三か月、避難所間の格差も出てきているようで、規模の小さな避難所にはあまり物資が届いていないのか、物資を渡すと素直に喜んでくれるのですが、規模の大きな避難所では、貰いなれてきているのか、われ先に自分の名前の書かれた物資を取りに来て、何も言わず、さっさと持って行ってしまう人が多いように感じました。中身を確認した後、戻って来てお礼を言う方もおられましたが。

ある日、車に積んである物資を見せながら、「要りませんか〜？」と声をかけている人を見ました。それを聞いた人たちが大勢集まってきて取り合い状態になり、あっという間に物資はなくなりました。貰えなかった人はとてもがっかりとした様子で戻っていきました。

このころから働きに出る方も多くなり、日中に物資の配布があっても貰えない、いつも決まった人が良い物を先に持っていってしまうなど、支援物資配布に不公平感があると耳にするようになりました。せっかく好意で持ってきた支援物資も、貰えなかった人からすると、持ってきてくれた人まで嫌な存在になってしまいます。不公平のない物資配布の方法や、受け取る側のエチケットなども考えていかなければならないと思いました。

六月下旬、二回目の物資仕分けが始まりました。このときは、大手通信販売会社などから、一人につきブラジャーが三枚、ショーツが六枚配布できるくらいの物資が届いて、それをメインに渡すため、前回のようなレジ袋だと中に入っている下着が透けて見えてしまう心配がでてきました。そこで女性ならではの発想で、エコバッグとしても使えるクーラーバッグに物資を入れて渡そうということになり、六月中旬に決定した日本財団からの支援金で購入しました。

## ◆男性避難者からも羨望の声が

前回同様、メンバーそれぞれ日中の空いた時間を使っての仕分け作業でしたが、前回の倉庫の賃貸期間が終わり、登米市米山総合支所の課長、公民館の指定管理者にお願いをして、新たに体育館の小運動場をお借りできました。広いのですが連日の猛暑で熱中症一歩手前になりながら、三台の卓球台の上に広げた約九百枚のブラジャーと約千八百枚のショーツの仕分けをしました。

ライオンズクラブや地元ボランティア団体からもクレンジングやスキンケア化粧品三点セットの協力をいただき、全部入れると大きめのクーラーバッグでもファスナーがやっと閉まるくらいの物資の量になりました。

七月初め、ユニフォームも夏向きのポロシャツにして、配布を開始しました。このとき避難所の男性からよく聞かれた声は、

「女の人たちばっかり、毎回いいな〜。男性用はないの？」

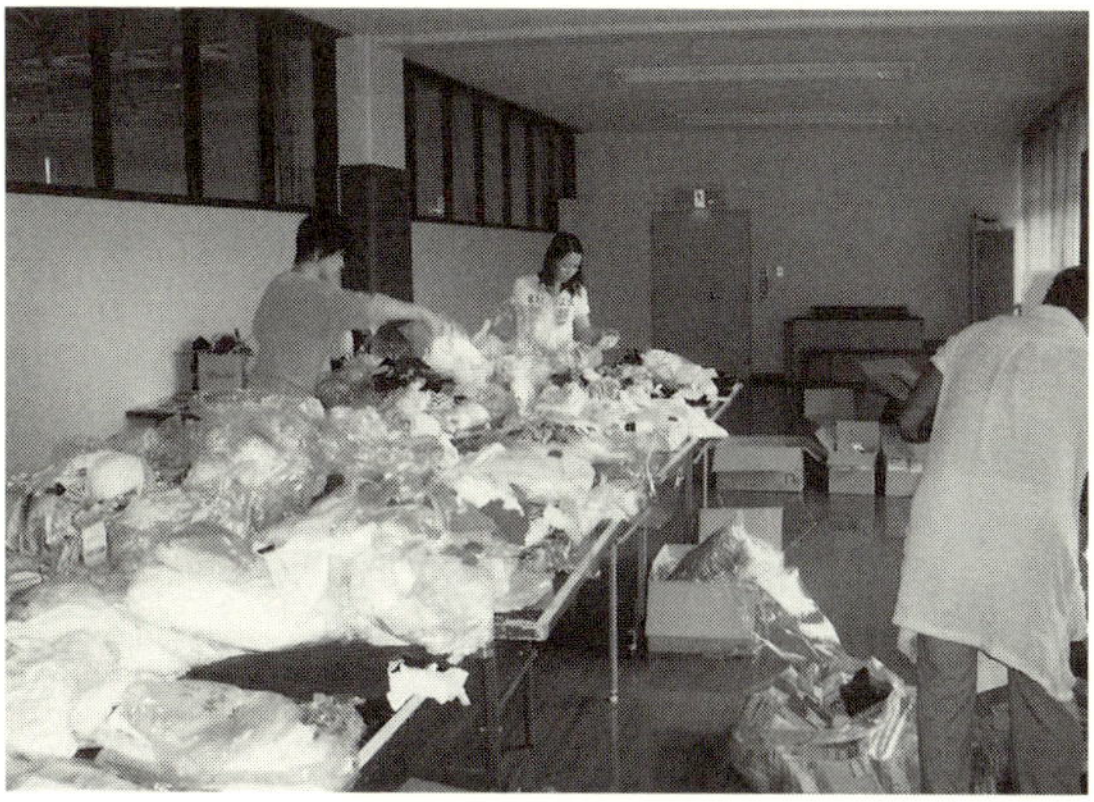

猛暑のなかで卓球台に広げられたたくさんの物資

「男だって髭剃りのフォームや、剃った後につけるものが欲しいんだよ。」というものでした。五月頃には「女性の化粧品は贅沢品」と言っていた男性たちがこのようなことを言いだしたのは、男性も少し心に余裕が出てきたのではと感じました。

そろそろ仮設住宅が当たり、引っ越して行く方も多くなり、物資を避難所に持って行っても渡せなかった方がいました。前回の配布時、「次回は六月末頃持って来ます。」と伝えてあるので、待っている方もいると思い、避難所に置いて来て、支援員から連絡を取ってもらい、可能であれば取りに来ていただくようにしました。それでも連絡が取れずにいた方には申し訳なかったと思いました。

## ◆避難所に支援に入るむずかしさ

登米市内の避難所も八月いっぱいで閉鎖という声が聞こえてきた七月三〇、三一日、登米市まちづくり基本条例策定委員会活動状況報告会でのパネルディスカッション「東日本大震災を経て感じる地域コミュニティの大切さ」のパネリストとして、小野寺範子さんと私が交代で出演、えがおねっとの今までの活動やこれからの活動について話をしました。このとき会場から「老人介護施設にも避難者がいて、そこには物資の配布が少ないので何とかして欲しい。」という声があり、私たちの知らない小さな避難所があることや、普通の避難所に入れない介護を必要としている方やその家族のケアはどうなっていたのだろうと、いまさらながら考えさせられました。

七月三一日は、その足で仙台へ向かいイコールネット仙台との意見交換会をしました。活動歴の長いイコールネット仙台でさえ、プライバシーや治安面などから避難所に出入りするのも困難だったというお話を聞き、えがおねっとのように、全面的に登米市のバックアップを受けて、避難所にもスムーズに入れ、順調に活動できる団体はめずらしい存在だったことをはじめて知りました。改めて布施市長をはじめ、登米市に感謝するとともに、活動するにも登米市の規模がちょうど良かったのだと思いました。

## 5　仮設住宅への支援に入る

### ◆リッププロジェクト

メンバーそれぞれ主婦として多忙になるお盆が終わった八月後半から、立教大学・萩原さんと化粧品メーカーより支援金をいただいて行なう、仮設住宅の女性へ口紅を贈る「リッププロジェクト」の計画が始まりました。えがおねっととしては、初の仮設住宅への支援です。仮設住宅には登米市の避難所にいた方ばかりが入居しているわけではなく、他の市町村からいらした方もいて、えがおねっとを知らない方も多いはずです。そこで新たにえがおねっとの紹介文を付けて、リクエスト票を作成して配布することにしました。

リクエスト票は、「うきうき・わくわく・リッププロジェクト」申込書として、「氏名、住所、職業、家族構成、希望する口紅の色を添付の色見本から一色選んで記入、現在困っていること、仮設の集会所でおこなってみたい活動、参加できる曜日・時間帯、希望するボランティア」などを記入していただくようにしました。

登米市の仮設住宅は四か所で約四五〇世帯あります。市内の一戸建てやアパートに住んでいる「みなし仮設」の方もたくさんいるようですが、訪ねるのにも限界があります。「私たちの活動できる範囲で口紅をお渡ししよう」ということで、三か所の仮設住宅に限定しました。

申込書の返送先も問題になりました。郵便局の私書箱は、一年契約でなければならず、それでは長すぎます。

「うきうき・わくわく・リッププロジェクト」申込書　えがおねっと

基本情報〔1〕　　平成２３年９月　　日記入　　記入者

| | |
|---|---|
| 住　所 | |
| 電話番号 | |
| 家族構成 | |

申込書〔2〕

| 項　目 | | 記　入　欄 | | | |
|---|---|---|---|---|---|
| ① | 氏　名 | | | | |
| | 年　齢 | | | | |
| | 職　業 | | | | |
| ②口紅(希望の色)又は リップクリーム | | □色（　　）<br>□リップクリーム | □色（　　）<br>□リップクリーム | □色（　　）<br>□リップクリーム | □色（　　）<br>□リップクリーム |
| ③現在困っていること | | | | | |
| ④仮設の集会所でおこなってみたい活動 | | | | | |
| ⑤参加できる曜日、時間帯 | | | | | |
| ⑥希望する支援 | | | | | |
| ⑦その他何でも自由にお書きください。 | | | | | |

※書ききれないときは、裏面にお書きください。

「うきうき・わくわく・リッププロジェクト」申込書

メンバー個人の住所では不安もあり、切手を貼った返信用封筒を全部に入れなければならず、コストもかかります。ここでもえがおねっと事務担当の人に転送サービスをしてくれる民間私書箱を探してもらい、そこに決めて、九月はじめから順次、仮設住宅へのポスティングを行ないました。このときも返信締め切り日を九月二二日（当日消印有効）と決め、それ以降は受け付けられない旨を明記しました。

九月末から、返信された九九通の内容を確認、口紅は一五八本の希望がありました。小学生以上の女性を支援の対象にしたので、学生にはリップクリームを渡すことにして、約二百人の方に物資支援ができることになりました。

今回の支援物資の内容は、地元支援もかねて、以前お世話になった化粧品店から口紅を購入し、企業やライオンズクラブからの支援物資であるリップクリームや日焼け止め、七月以降に各所から送っていただいた支援物資を合わせて前回と同じハートのイラストのレジ袋に入れました。

配布日は一〇月上旬の、在宅率が高いと思われる土日に設定しました。できるだけ直接お渡ししたかったので、集会所のある南方町《みなみかたまち》の仮設住宅では、配布時間に集まっていただくよう前日に電話を入れました。

私はこの時期稲刈り作業が入っていたので、一日だけの参加になりました。住所もわかる仮設住宅への配布ということで、スムーズにできると高をくくって、お互い都合の良い日に参加ということになり、一日目は三人で、二日目は四人での配布と決まりました。ところが、いざ配布となると宅配する分も多く、表札がないところもあり、あっちこっちと敷地内を走り回るような状態でした。

直接物資をお渡しできた方や初めての方には、「本当に貰えるの！」と言われました。以前えがおねっとの支援物資を受け取ったことがある方からは、「待っていたよ！」と言われ、ちょっぴりですが、えがおねっとが市民権を得たような気がしました。

## 6　声を上げることの大切さをともに学ぶ——おわりに

えがおねっとの活動期限は、当初七月三一日まででしたが、リッププロジェクトを実施するため一二月三一日まで延長、さらに一〇月末にミシンやアイロンなどを購入して、仮設住宅の被災女性の自立支援に役立ててほしいと日本家庭教育学会と生活ものづくりネットより支援金をいただいたので、二〇一二年三月三一日まで延長となりました。いただいた支援金は、仮設住宅集会所での手作り教室の運営方法を調べて、そこに対してえがおねっととして、女性の自立支援の一助として支援できればと計画を進行中です。手芸材料も、できれば復興商店から購入できたらよいのではないかと考えています。

また、女性視点の被災者支援の必要性を広く訴えるため、特定非営利活動法人市民社会創造ファンドの助成金をうけ、活動内容を発信するえがおねっとホームページを二〇一一年八月三一日に立ち上げました（二〇一二年三月末閉鎖予定）。このホームページをご覧になった物資提供者の方から、えがおねっとの活動についてあらためてご理解をいただくとともに、「女性視点の被災者支援に共感し、協力したい。」「女性視点の被災者支援というユニークな活動を応援しており、今後も協力をしたい。」「避難所の被災女性が必要としている物資を知ることができた。」「支援をした側の物資がどのように被災女性の手に渡ったのかを知ることができて大変嬉しい。」といったコメントが寄せられ、女性視点の支援の重要性が伝わっていると感じられます。

初めてのボランティアで、この活動を通して私たちも避難女性たちも、自分が困難な状況に置かれたときに

「声を上げることの大切さ」を学んだのではないかと思います。そしてそれに応えてくれる方が多いことにとても驚きました。今まで一人ひとりで生きていると考えていたところもありましたが、このような活動をして、みんなどこかでつながっていることが実感できました。

私自身、同じ志をもっているメンバーの言葉に支えられた部分もありました。急用ができて配布作業に参加できなかったとき、「動いていればままならない時も多いもの。気にしないで。」と言葉をかけてくれたり、私が外に出るのを家族が迷惑がっているのではと気にしていると、「家族なんだから、いつもニッコリ笑って感謝しています、という気持ちを伝えれば、むこうもわかってくれるはず。」と教えてもらいました。

メンバーからは、次のような感想があがっています。

＊「えがおねっと」への参加は、家族に相談もせず即決していました。活動では、仕事と子育て、家庭と時間を上手く使いこなせず、皆さんに助けていただくばかり。それでも「お互い様！」と温かい言葉を常にかけていただいたことは励みになりました。ワーク・ライフ・バランス……、ひとりでバランスをとろうとしてもうまくいきません。周囲の思いやり、「お互い様」と言える心のつながりが大事なんだと、実感しました。

＊支援をした避難者の中に友人がいました。彼女はある日、目に涙を浮かべてこう言いました。

「皆さんの支援は本当に心から感謝しています。見ず知らずの方からもたくさん支援していただいています。今日身につけているものすべて、下着から洋服、靴までいただいたものです。……でも私は一日も早く自立したいです。自分のお金で買った物を着たいです。たくさん支援していただいてひどい言い方かもしれませんが、感謝の気持ちと一緒に、自分が情けなくなる気持ちもあるんです。」

私は、この地から離れない限り一生彼女たちの隣人です。隣人として尊敬し、大切にしていきたい。お互いに

「お互い様！」といえる関係でいたい。そう心から思っています。
＊えがおねっとの活動を通じて、「人のために」と思うことも、相手の「人として」の矜持をけがすことなく欲しい人に欲しいものを確実に届けることの難しさを知りました。
＊暑い中での仕分け作業も、被災者の方々の「えがお」と「ありがとう」と涙ぐむ姿が後押しとなり、続けられました。「何かをしてあげる」ではなく、「何ができるか」……を考えながらの活動でした。
＊えがおねっとのみんなでひとつの使命に向けて心をひとつに活動できてよかったです。日本はお金も物資もこんなにあるのだと思いました。大手商社からの物資支援をいただいたので、地元商店の活性化に繋がりにくいというところがありました。
＊男女共同参画社会を目指した条例の策定にわずかなりとも関わり、多くのことを学ぶ機会を与えていただいた私たちだからこそ、できる何かがあるのではないか、との思いが高まり発足した「えがおねっと」。掛ける言葉より寄り添うことで「えがお」になってもらいたい。避難所の女性一人一人に問いかけたアンケートはそれからの活動の貴重な資料となりました。

＊＊＊

えがおねっとの活動の原点は、「男女共同参画」です。私たちは条例を策定した仲間だから、より強く女性への支援を感じていてこの活動ができたと思います。それとともに、支援活動を通して、登米市の他の団体とのつながりもできました。市とも協働でき、これからの登米市の男女共同参画の実践に弾みがつくと期待しています。

# 男女共同参画推進条例をいかした被災者支援が成功した理由《わけ》

浅野富美枝
（宮城学院女子大学教員）

## 被災対策のなかに日常の取り組みを結びつける

東日本大震災が発生したとき、私は当時登米市の男女共同参画担当職員だった三浦徳美さんと、仙台駅に隣接するビルの喫茶室にいた。登米市では一年以上の審議を経てつくられた男女共同参画推進条例が三月議会で可決・成立したばかりで、その日は、四月一日の条例施行を前に、条例にもとづく基本計画を策定する最終会議を四日後に控えての最後の打ち合わせをしていたのである。巨大地震は打ち合わせがほぼ終了したところで発生した。当然のことながら四日後に予定されていた会議は延期され、その会議が開催されたのは四か月後のことだった。

＊＊＊

登米市の女性たちは、災害発生の初期の段階から、男女共同参画の取り組みを被災者支援として実践し、めざましい力を発揮した。登米市は農業を基幹産業とする宮城県北に位置する自治体である。「食の宮城」と言われるなかでも農業産出高は県一を誇る登米市には、緑豊かな山間地域と田園地帯の典型的な「故郷」の風景が広がっている。二〇〇五年に近隣九町を合併して人口八万五千人となったが、人口は減少気味で、高齢化と過疎化の深刻な課題を抱えている。その登米市の女性たちが、「えがおねっと」という小さなグループを立ち上げ、同市内に避難していた隣の南三陸町の女性被災者に、「女性視点」に立ったユニークな支援を実施した。地域の男女共同参画社会の形成の取り組みがそれほど進んでいたとは必ずしも言えなかった登米市で、しかも震災後の多くの自治体でそれまでの男女共同参画の取り組みが完全にストップしていた状況下で、いわば「被災下での男女共同参画の取り組み」として被災者支援が市民協働で取り組まれたのである。

なぜこの支援が実現したのだろうか。ここでは、「えがおねっと」代表の須藤明美さんの報告の背景にある「えがおねっと」の原動力をさぐってみたい。

## 1　条例をつくる力が被災女性支援の力に

まずあげられなければならないのは、「えがおねっと」の底流には、登米市の男女共同参画推進条例づくりがあったということである。

登米市では登米市総合計画に位置付けられている男女共同参画社会の形成を推進することを目的として、二〇〇九年に男女共同参画条例策定委員会が設置された。その一回目の委員会で、識者として委員を引き受けた私が委員長に推薦された。地域を熟知し、地域に生活基盤を持ち、地域づくりの担い手たりうる市民が委員長になるべきことを信念としていた私は、条例制定後の関連委員会の委員長は登米市の市民がなること、市民でない委員長を補佐するために、他の委員は条例制定に向けて全力で取り組むことを条件に委員長を引き受け、その日から毎月一回の割合で開かれる会議に、高速バスで片道一時間半をかけて仙台から登米市に通うことになった。

委員会では毎回最初にその日のメインテーマに関する研修会が持たれ、そのテーマが登米市では具体的にどのような問題として生じているかが現場の体験を踏まえて語りあわれた。私を除く一四人の委員のなかにはいわゆる女性問題の専門家はいなかったが、暮らしやすい登米にしたいという地域への熱意と行動力は人一倍強い委員がそろっていた。

登米市の産婦人科医療機関がなくなることに危機感を抱いていた委員はこれがリプロダクティブ・ヘルス／ライツの課題の一つであること、民生委員として活動していた委員は地域の子どもや高齢者の問題が男女共同参画と密接につながった問題であること、元消防士として妊娠中の被災者支援に携わったことのある男性委員は、女性の立場からの防災の取り組みが必要であること、仕事をもち、家庭責任を果たさなければならない娘の今後を案じていた男性委員は、これが家庭内にとどまる問題ではなく、社会で取り組むべき男女共同参画の根幹問題であることを実感から理解した。

そして、登米で生まれ育った自分たちの子どもたちがいずれは登米を離れてしまうのではないか、他自治体から転居してきた若い市民もいつか登米を去ってしまうのではないかと案じていた他の委員たちも、若い人たちにとって暮らしやすい登米をつくることは男女共同参画のテーマとつながっていることを理解した。

こうして地域活動のなかで取り組んでいた課題と男女共同参画との接点を見いだした委員たちは、研修会を重ねるなかで女性の力を発揮することなしに地域は活性化しない、ずっと登米で暮らしたいと思える登米市をつくるために男女共同参画社会が必要であるという確信が芽生え、そのために実効性ある使える条例を作ろうという情熱がうまれていった。委員会ではそれをもとに分科会に分かれて条例素案の練り上げが進められた。

委員たちは審議過程で力を発揮しただけではなかった。素案を市民に説明し意見を求める七回のタウンミーティングでは、委員が手分けをして人を集め、タウンミーティング開催の準備から当日の運営、司会をこなした。こうして登米市に根を張った市民委員たちが、知識を獲得し、体験のなかで地域づくりと会議運営のリーダーになっていった。これらの経験がまさに「人づくり」となって、後にこの委員の有志によって「えがおねっと」が立ち上げられたのである。

## 2　条例をいかして被災者支援

こうして約一年をかけてつくられた登米市の男女共同参画推進条例はきわめてユニークなものであった。たとえば、登米市にも身体の性に違和感を抱いている子どもがいるというある委員の発言がきっかけで、条例には「性同一性障がい者等に対する配慮」（第三条第八項）という条項が掲げられた。このような条項をもった条例は全国的にはさほど珍しくはないが、東北では初めてのことであった。また、すべての人にかかわる条例なのだから誰にでもわかりやすく、なじみやすい表現にしようということで、条例としては珍しく、「です・ます」体にしようと委員会で確認された。当初これには行政内部から、登米市の法令の文言を定めた規定に反するとの意見が出された。そこで、ではその規定を改正してもらおうということになり、当初二〇一〇年一二月に予定されていた条例の上程を二〇一一年三月議会に延ばし、一二月議会で文書規定の改正が上程され、その可決をまって、三月議会で「です・ます」体の条例が実現した。

また、この条例は実効性をもつものであることが条例制定にいたるさまざまな場面で繰り返し確認された。条例とは言ってみれば電気が通じることである。電気が通じても、テレビがなければテレビを見ることはできないし、パソコンがなければＩＴ技術を利用することはできない。テレビやパソコンがあってもその使い方がわからなければ電気が通じた実際の効力は発揮されない。条例も同じで、制定されるだけでは意味がない。それを活用できる手立てと力が必要である。二〇一一年二月、大震災の一か月前、登米市では人権擁護委員協議会と共催で条例の最終説明会を兼ねた講演会が開催され、そこで布施市長は以上のような趣旨の発言をしたそうである。条例は作っただけでは力にならない、条例を実現していくにはその後の取り組みが必要なのだということを、市長も委員たちもしっかりと認識していた。そしてこのことが、条例の初の実践として被災後の南三陸町民の避難所への支援につながったのである。

## 3　市民と行政の協働で実現した被災者支援

「えがおねっと」を語る際に忘れてはならないのは、「えがおねっと」が市民と行政の協働の結実であり、同時に登米市を超えた多くの人と団体とのネットワークのたまものだということである。

「えがおねっと」結成のきっかけは、須藤さんの報告にもあるように、「イコールネット仙台」による避難所の女性たちへのお見舞い訪問であった。

被災から一か月後の四月七日、イコールネット仙台の宗片恵美子さんから私にメールが届いた。「今回の震災の被災女性を対象にした調査を行いたいが、今回は二〇〇八年に実施したニーズ調査とは違い、実際に痛みを抱えた女性たちが対象である。調査の内容、手法、タイミングなどの検討が必要であるし、避難所に『調査』を目的に入っていくのにもためらいがある。どうしたものか」という相談だった。幾度かのメールのやり取りの結果、見舞い訪問という形で避難所の女性たちに支援物資を届けるかたわら、避難所生活で困っていることなどを聞かせてもらってはどうだろうということになった。

ではどこに見舞い訪問に行くかという話になり、とりあえず、二人が関わっている県下の地域の自治体職員や女性団体に相談してみようということになった。私は男女共同参画の施策について協力をしているいくつかの自治体や女性団体に相談と依頼のメールを送った。その依頼に最初に応えてくれたのが登米市だった。

登米市は、自身が震災で大きな被害を受けていたにもかかわらず、市長の決断で、津波で壊滅的な被害を受けていた隣の南三陸町の被災者に避難所を提供し、いち早く支援に取り組んでいた。「イコールネット仙台」の依頼を受け取った登米市の職員は、多忙を極めていたはずであるにもかかわらず、この依頼を制定されたばかりの男女共同参画推進条例の実践と位置付け、条例は他市の市民をも対象としていたこと、避難所での女性のニーズを聞くことは条例の精神に合致したものであることとして、実施に向けて敏速に対応し、七か所の避難所の四〇〇人の女性にニーズを聞く手配を取ってくれた。そして四月二八日の見舞い訪問には、自治体の職員と基本計画策定委員長であり、条例策定委員でもあった須藤さんも同行し、参加してくれた避難所での被災者二五〇人の実情と生の声をともに聞いて回ったのである。ここでの体験から「えがおねっと」が結成され、その後の支援活動の展開となったことは須藤さんの報告のとおりである。

条例をいかすには、行政職員と市民が条例をどう使えばいいかを判断し実践につなげる技量と行動力が必要である。条例の実践として見舞い訪問とそれに続く被災者支援が登米市で実現したのは、行政と市民が協働でこの力を発揮したからにほかならない。とりわけ、その要となった担当部署の協力的な姿勢と担当職員の力は大きい。登米市でも、当初バラバラに見えた策定委員の個性をいかし、委員それぞれの力をコーディネートし、チームワークをつくりあげる裏方の役割を果たした行政サイドの力なしに、この支援は難しかったと思われる。

また、二〇〇一年から二年間、宮城県環境生活部次長として勤務し、現在は立教大学教員の萩原なつ子さんをはじめ、これまでの登米市の男女共同参画に関わったさまざまな人脈を駆使してアドバイスを受け、それをいかし、さらに企業・団体と交渉し、文字どおり黒子として被災者支援の段取りを行なったのも、また、支援物資の調達や配布など、スムーズにいきそうもないと思われるところをクリアし、きめ細やかな支援を実現できたのも、行政が協働の一翼としての機能を発揮したからに他ならない。

## 4　切りはなすべきではない被災支援と日常の業務

大震災発生以降、被災地の自治体では、それまでの業務はほぼストップし、多くの職員が被災対応に追われることとなった。会議の延期はやむをえないとしても、男女共同参画の取り組みそのものは中断されてはならない。男女共同参画に限らず福祉や教育など市民生活に直結した取り組みは、緊急の被災対策のなかでも続けられなければならない。なぜなら、被災したからといって市民の生活が中断されることはないからである。

被災対策・非常時対策は私たちが日常取り組んでいることと切り離してなされるべきことなのか。言い換えると、被災対策・非常時対策が終了した後に日常の生活支援対策が再開されるということでよいのか。両者を切り離すのは、日常の取り組みだけでなく、被災対策そのものにも重大な欠陥をうむのではないか。むしろ、被災対策のなかに、日常の取り組みをいかに結びつけていくのか、これこそが重要なのではないか。今も続いている災害復旧・復興の取り組みのなかで、私は幾たびもこのことを考える場面に直面した。

どこの自治体でもそうだが、熱意を持って仕事をする、力ある担当職員のいるところは、市民との信頼関係を築き上げ、行政のシステムに則った進め方で、取り組みを成功裏に進めることができる。登米市の女性たちが今回の支援で大きな成果を上げたのは、こうした市民と職員の協働が成功したたまものであると確信する。

[第3章]

# セクシュアルマイノリティと若者世代は…

# セクシュアルマイノリティの避難生活
## ――「個人」として尊重される社会へ

内田有美（性と人権ネットワークＥＳＴＯ正会員）

### セクシュアルマイノリティの出会いとその歴史――はじめに

三月一一日の震災発生時、私は仙台市の中心部にある職場で勤務していました。事務室の机の下で揺れがおさまるのを待ち、利用者の方々の避難誘導をした長く短い時間は今でも鮮明に思い出されます。五時間半歩いて帰宅する道中では、石塀や街路樹が倒れており、住宅地ではガスのにおいが充満している区域もあったり、と怖さを感じながら、沿岸部で働いているパートナーの無事を祈りながら歩きました。そのときのことは、あまりに非日常すぎて、今でもあまり現実感がありません。

私は以前、友人から「私はバイセクシュアル（男性・女性両方を恋愛や性愛の対象として惹かれる指向性を持つ人）」とカミングアウト（秘密を告白する、マイノリティであることを告げること）され、そのセクシュアリティのために苦しい経験をしてきたことを知りました。そのときに、セクシュアリティによって差別されるのはおかしい、と思うようになり、大学在学中からセクシュアルマイノリティ（ここでは同性愛者・両性愛者・広義のトランスジェンダー当事者・性分化疾患当事者とする）の問題、特に「トランスジェンダー当事者と非当事者の社会での共生」を目指して研究をしていました。トランスジェンダーとは、戸籍上の性別や身体的な性別に違和感があり、性別を変更したり、変更したいと感じている人の総称です。違和感の強さやどのように変更したいと感じるかは、人によってさまざまです。

そのつながりで、現在も「性と人権ネットワークＥＳＴＯ」（以下、ＥＳＴＯ）で活動をしています。性と人権ネットワークＥＳＴＯは、すべての人がその性のあり様に関わらず存在（Est）を尊重（Esteem）されることを願い、人と情報の交流によるネットワークを豊かなものにするために、一九九八年一〇月二五日に発足した非営利の団体です。震災のときも、ＥＳＴＯの代表から安否確認の連絡をもらい、ＥＳＴＯに参加する前からお世話になった方や知人で連絡先を知らない人の安否を教えてもらうことができました。

＊＊＊

「セクシュアルマイノリティ」というと耳慣れない方もいるかもしれません。最近では、テレビなどのメディアで当事者（もしくは当事者のような方）が出演しているものも多くなりました。テレビドラマ「三年Ｂ組金八先生」の第六シリーズ（東京放送系・二〇〇一年一〇月から二〇〇二年三月）で女優の上戸彩さんが当事者を熱演されたものを覚えている方も多いのではないでしょうか。

このように言うと、セクシュアルマイノリティ当事者は最近現れた、と思う方もいるかもしれません。ですが、当事者はどの時代にも存在し、古くは日本神話までさかのぼることもできます。そして、当事者の活動の歴史はセクシュアリティによってさまざまです。詳しくは『セクシュアルマイノリティ第二版――同性愛、性同一性障害、インターセックスの当事者が語る人間の多様な性』（セクシュアルマイノリティ教職員ネットワーク編著、明石書店、二〇〇六年）などをご覧ください。

このように社会は次第に変化してきていますが、東日本大震災のような「非常時」はどうだったのでしょうか。一九九五年に起こった阪神・淡路大震災のときには、私が知る限りではセクシュアルマイノリティ当事者が抱えた困難については取り上げられなかったように思います。そこで、東日本大震災で当事者がどのような困難を抱えたのか、ということや今後災害が起こった際に当事者の生活を確保するために必要なことは何なのか、ということを考えます。

## 1　性別で分けられた避難生活・被災生活の難しさ

震災後、避難所などでは「性別」や「家族」ごとに分けられた設備や「性別役割分業」の強化が目だったように感じます。もちろん、トイレや更衣室を性別で分けることは、女性などが生活しやすくなるということや性暴力を未然に防ぐという観点から必要なことであると思います。

ですが、その分類がセクシュアルマイノリティ当事者にとっては大きな壁になる場合もあります。

たとえば、トランスジェンダー当事者で「見た目」の性別と「身体的」な性別が異なる人の場合、衣服を脱ぐような風呂や更衣室が性別で分類されていると、男女どちらの設備を利用しても奇異の目で見られたり、使用を拒否される可能性があります。また、当事者にとっても性自認と異なる性別の設備を利用することは苦痛であると思われます。実際に、避難した先で当事者であることを告げていない親戚と入浴施設に行くことになってしまったＭｔＦ（Male to Female の略。身体的に男性で、性自認は女性）当事者は、男湯に入ることにもともと抵抗があったそうですが、ホルモン治療によって身体が女性化していたため、さらに抵抗を感じたそうです。ですが、女湯に入るというわけにもいかず、身体を隠して入浴したそうですが苦痛を感じたそうです。

「家族」で区切られる設備の場合、同性パートナーと生活をしている当事者は、パートナーと「家族」としてその設備を利用できるのでしょうか。同性パートナーとの生活については、避難所以外でも問題があります。震災後は、隣近所の安否確認や物の貸し借りなどで地域の人間関係が密になりがちでした。それは助け合いの意味で良いことではありますが、近所に同性同士で暮らしていることを隠している場合、そのことが周囲にわかってしまう危険性もあります。

このように、被災者を守る区分けが障壁になってしまうこともあります。

この他にも、震災後の生活は避難所を含めプライバシーが保護されにくい状況にあるために、これまでカミングアウトしていなかった当事者のセクシュアリティが周囲にわかってしまう危険性が高く、安心して生活をすることは難しいです。プライバシーを守ることができないと、被災時以降の当事者の生活を守ることができなくなってしまいます。

ですが、そのような状況がみられるなかで、宮城県内のある避難所で被災した当事者が尊厳を持って生活できたという話も耳にしました。

その方はトランスジェンダー当事者ＭｔＦ（身体は男性、性自認は女性）だと思われる方で、避難当初は周囲にまざらず静かに生活をしていましたが、髪が長いのに腕力があったため、他の被災者は「男性？　女性？」と疑問に思っていました。しかし、何かのきっかけで当事者がカミングアウトし、被災女性たちがそれを受け入れたことで、その後は女性として避難所生活をし、更衣室やトイレなども女性用を使えるようになりました。カミングアウト後は当事者の表情も明るくなり、「女性用更衣室へ全身が見える立ち鏡を入れてほしい」と避難所運営者に要望を伝え、鏡を設置してもらうなど、自分自身のニーズを伝えるまでになりました。

男性たちの一部が当事者を揶揄《やゆ》するような発言をした際には、周囲の女性たちがその男性たちをたしなめるといった場面もあったとのことで、この当事者が避難所を去る際には、自分が受け入れられた喜びと、「これからも頑張る」といったことを告げて新天地へ出発していったそうです。

このような例は稀ではありますが、当事者がカミングアウトをし、受容されることで本人の生活にプラスの効果を生むということがよくわかります。カミングアウトすることは簡単ではありませんが、カミングアウトをし、受容されることによって当事者は「本来の自分」として生活できるのです。

これは被災時だけの問題ではなく、日常から「個人」として「尊重」されることが重要です。そのためには、当事者団体の活動のなかで人権を尊重するよう訴えていくことが求められます。

現在でも、セクシュアルマイノリティに対する無理解からくる偏見は往々にして存在していますが、それを解消するために当事者団体の活動で人権尊重を訴えるとともに、教育の場で正しい知識を共有し、伝えていくことが求められます。人権を尊重するという意識を確立することは、セクシュアルマイノリティだけでなく、すべての人が尊厳を持って生活するために重要なことです。

## 2　性自認によって異なる支援物資

震災直後から、全国からさまざまな支援物資が被災地に届きました。水や食料、衣類、燃料などなど、最初は生きるために必要な物から、次第に生活に必要な物となっていったように感じます。私の家でも、パートナーが職場に届いた支援物資を持ってきたりして、大変お世話になりました。

当たり前のことですが、衣食住以外に必要な支援物資は、人によって異なります。それはセクシュアルマイノリティ当事者でも同じことで、「見た目」の性別だけでなく性自認によっても必要な物資が異なってきます。たとえば、トランスジェンダーＦｔＭ（Female to Maleの略。身体的に女性で、性自認は男性）当事者の場合、ナベシャツ（胸部を圧迫して、胸のふくらみを目立たなくするシャツ）や性別適合手術を受けたばかりの方は消毒薬などが必要となりますし、ＭｔＦ（身体は男性、性自認は女性）当事者は化粧品、ブラジャー（ホルモン治療で膨らみがある方）、性別適合手術を受けた直後の方は消毒薬・内性器保持の器具が必要になります。

ですが、一般的な支援物資にナベシャツはなかったでしょうし、化粧品やブラジャーは届いても「見た目」が女性の方に配られると思われます。消毒薬は比較的手に入りやすいですが、「どこをケガしたのか」と聞かれる可能性が高いです。内性器保持の器具は一般に売られている物ではないので、入手がとても難しいです。このように生活に必要な物資でも確保が難しく、また当事者が「欲しい」と声を出さなければ得られません。しかし、避難所で当事者が声を上げることは容易ではありません。

また、衣服などを「男性用」「女性用」で分けて置いているケースも多く、希望する性別のものや中性的な衣服を選ぶことが難しかったのではないかと思われます。

ナベシャツも化粧品もブラジャーも、女性被災者の化粧品などと同じように、本人は欲しいと思うけれど、無ければ命に関わるものではありません。被災者や支援者のなかには、そういったものを「欲しい」ということを「ワガママ」と感じる人もいたそうです。ですが、震災後いつまでも「最低限必要な物」しか手に入らない生活を送ることは、被災者の自尊感情を低下させる可能性が高いです。逆に性別や年代に関わらず、「自分に必要なもの」を得られることは、被災者のＱＯＬ（クォリティ・オブ・ライフ＝生活の質）の向上につながるでしょう。

仙台市では、七月末に避難所が全て閉鎖され、仮設住宅やその他の住居に避難者全員が移りました。そこまでに、四か月半という長い時間がありました。その間、震災で辛い経験をした多くの被災者がプライバシーがきちんと確保されない場所で生活をしていました。そのような生活環境のなかで、自尊心を保ち、自分の生活を日常に戻していくためにニーズに合った支援物資の入手が重要であると考えます。

プライバシーを確保した状態で必要な物資を各自が申し込み、受け取れるといったシステムの構築や支援物資を男女別ではなくサイズごとに分類するなどの方法によって、物資の入手はさらに利用しやすくなるのではないでしょうか。これは、セクシュアルマイノリティ当事者だけでなく、すべての避難者にとって必要なことであると思います。実際、性別や年齢、生活状況、疾病の有無で必要な物資は異なりますが、必ずしもそれを伝えられる環境かはわかりません。一例をあげれば、男性が支援物資を取り仕切っている避難所で、思春期の女の子が「生理用ショーツがほしい」と言うのは難しいです。

また、避難所を訪問した際に、女性用の大きなサイズが不足している、という声もありました。これも、男女で分類しなければ補えた物もあったと思います。

支援物資を一括で管理したり、性別で分類するという方法は、避難所運営をスムーズにする効果がありますが、そのためにニーズを言えなかったり、合わないもので我慢せざるを得ない状況も生みます。多くの人が自分のニーズに合った物資をきちんと得られるシステム作りが必要であると思います。

## 3　医療機関へ行きにくい

震災後、多くの病院は被災者の治療に追われ、トリアージタグ（災害時・非常時の医療現場で少しでも多くの傷病者を治療するために疾病の重症度・緊急度などで優先順位などを決め、それを表示したタグ）を利用した病院もありましたし、沿岸部の地域では病院以外の治療スペースが設けられたところもありました。そのような状況のなかで、トランスジェンダー当事者が搬送された場合、「保険証の性別」や「見た目の性別」「身体的な性別」が異なることによって、トラブルになる可能性が高くなります。

また、医療機関は緊急の体制になったり、薬が不足するためにトランスジェンダーや性分化疾患の当事者がホルモン注射やホルモン剤の処方が通常どおりに受けられなくなり、体調を崩すことも考えられます。実際に、通常受けていたホルモン注射の薬剤が不足したため、違うホルモン剤の注射を受けたところ、副作用でうつになってしまった、というトランスジェンダー当事者もいました。

同性愛当事者からはＨＩＶ（ヒト免疫不全ウイルス）関係の薬の入手についての不安も多く語られました。ＨＩＶ陽性者で薬を服用している場合、決まった時間に薬を飲むことは必須ですが、普通は何日分も持ち歩きはしていないのではないでしょうか。ＨＩＶの薬は決まった病院でしか処方されないため、震災で避難したり帰宅困難になった場合、薬を入手することは難しいでしょう。この問題はＨＩＶ陽性者全員に関わる、健康を守るための重要な課題であると考えられます。この他にも、セクシュアルマイノリティ当事者には精神疾患を患っている方や自殺念慮（死にたいと思う抑えられない感情）の強い方が多いため、うつ病の薬が入手できなくて大変だった、という話も聞きました。

医療に関しては、薬の他にも問題があります。同性パートナーがいた場合の治療や遺体の引き取りについてです。

災害時は多くの搬送者や死亡者がでます。もし、事実婚状態の同性パートナーが搬送された場合、どんなに長年連れ添っていても法律的な「家族」ではないためにパートナーの病状説明を受けたり、治療の同意書にサインをすることは困難です。また、亡くなった場合も「家族」ではないため遺体の引き取りをすることは極めて難しいと思われます。

しかし、これらの問題は震災時だから発生したことではなく、平常時からあった問題が表面化したに過ぎません。実際、「保険証の性別」と「見た目の性別」が異なる方の場合、受付などでトラブルになりやすいために平時から医療機関へ行くことに抵抗がある方もいます。また、同性パートナーの問題も平時だったら病状説明を受けられる、ということはありません。

平常時からこのような問題を解決していくことがなにより重要なのです。

## 4　当事者の声を聞くことから

私は二〇一二年の一月から、「東日本大震災におけるセクシュアルマイノリティ当事者の被災の現状およびニーズ・課題に関する調査」というセクシュアルマイノリティ当事者を対象とした被災状況やニーズに関するウェブアンケート調査と聞き取り調査を行なっています。

私自身、仕事の関係もあり、イコールネット仙台やみやぎジョネットなど、被災女性を支援する活動を間近で見ることができました。そのような環境のなかで、被災女性の問題がどんどん取り上げられる様子を目にしながら、セクシュアルマイノリティの話題は報道には出てきていないことも感じていました。このままでは「当事者も被災したのだ」という当たり前の事実さえ、社会のなかに埋もれていってしまうのではないか、という漠然とした不安を感じたのが調査を始めた最大の動機です。

なぜ何か月も経ってからの調査か、というと被災地の生活がある程度落ち着いてからのほうがよいのでは、と考えたことと、何よりも私自身が震災から気持ちを立て直すことができず、アンケート実施に踏み切れなかったからです。震災について、もう気持ちが落ち着いたか、といわれると「まだです」というのが正直なところですが、震災を経験して自分のセクシュアリティの問題を話すことが難しかった当事者の方々の疲労はいかばかりかと思います。そして、調査を通じて見えてきたのは、大変だったことを人に言えない辛さと当事者が抱えた大きな不安でした。

アンケートの自由記述のなかには次のような意見がありました。

震災以前から、ＬＢＴ（筆者注、Ｌ＝レズビアン、Ｂ＝バイセクシュアル、Ｔ＝トランスジェンダー）も性暴力の対象になっています。災害で、性暴力は一般的にひどくなったり増えたりすると聞いています。ＬＢＴは、その支援がＬＢＴも利用できることを明示してもらわなければ、自分や自分の持っている関係性を否定されるのでは等と恐れて既存の支援を利用しません。地域の女性センターや女性相談が、ＬＢＴも使えるものになったらいいのにと震災後に痛感しました。また、私の同性のパートナーは海外にいます。災害で私が亡くなるような場合は誰かが彼女に連絡してくれたらと思いますが、周囲に関係性を打ち明けられませんし、将来的に法的に私たちの関係を認めてもらえる可能性は日本では今のところありません。彼女が日本に来ても、配偶者として滞在することはできません。今回の災害で、やはり制度的な障害は、災害時により大きく感じられるのではと自分に当てはめて想像させられました。

このように、震災によって不便に感じたことや不安に思ったことなど、アンケートに回答してくださった方々の思いを寄せていただくことができました。

また、聞き取り調査を進めていくなかで、震災後もセクシュアリティのことを話す難しさも見えてきました。震災後、男女共同参画推進センターによる支援や被災女性を対象とした電話相談などが各地で行なわれましたが、「女性ではないのに相談してもよいのか」「セクシュアルマイノリティに理解があるのか」という心配があるそうです。

実際はセクシュアルマイノリティ当事者からの相談であっても対応してくれるところもあると思いますが、それを明記しない限りは当事者が利用することは難しい、という意見もありました。「震災後はセクシュアリティのことまで考えるとパニックになってしまうと思ったため、今思えば無意識にセクシュアリティのことは考えないようにしていた」という方もいましたし、聞き取り終了後に「セクシュアリティのことも含めて震災のことを話せてホッとした」と話してくださる方もいました。

このことから、被災したセクシュアルマイノリティ当事者が「震災」と「セクシュアリティ」を両方語ることのできる場が少ないこと、どちらかを語るだけではストレスの軽減にはならない、ということが見えてきました。今後も調査を継続し、被災した当事者の声を聞き、災害時の支援の方法や今後どのような支援が求められるのかを検討していきます。

## 5　社会の無理解を変えていこう
### ――セクシュアルマイノリティの問題は当事者だけの問題ではない

このように、被災したセクシュアルマイノリティ当事者が直面する困難は多種多様です。震災後、当事者支援団体からさまざまな支援が行なわれてきましたが、まだセクシュアルマイノリティ当事者がどのような困難を抱えたのか、今後の課題は何なのかということはあまり見えてこないのが現状です。

その大きな理由として、社会の無理解や偏見が大きく関わっています。そもそも、「セクシュアルマイノリティ当事者が避難所にいるかもしれない」という前提で運営していた避難所は存在したのでしょうか。前述したように当事者がカミングアウトをして避難所で生活できた事例もありましたが、それはあくまでも当事者が他の被災者の前でカミングアウトしたことで実現できたことで、避難所運営の方針ではありませんでした。もちろん当事者がカミングアウトをして、ありのままの姿で生活すること、そして周囲がそれを受け入れていることがいちばん良いことですし、そのような環境作りをしていく必要があります。

一方で、「希望していることがあるなら、声を上げればいい」という意見もあるかもしれません。

しかし、東日本大震災の被災地の多くは、地域コミュニティが密で、結束も強く、家族との同居も多い地域です。そのような場所で、自分が住んでいる地域のほとんどの人たちが同じ避難所で生活しているなか、「声を上げて」と当事者に言うのは大変難しい話だと思います。セクシュアルマイノリティについて社会的な無理解・偏見が解消されていないことは、当事者がいちばんよく理解しているからです。まして、被災して心身ともに疲弊しているなかで、受け入れられずに非難されたら……、という危惧もあるはずです。

当事者に「声を出して」という前に、まずは声を出せるように日常の社会にある偏見や無理解を変えていく必要があります。そのためには、何よりも学校教育や生涯学習の場でセクシュアルマイノリティについて学ぶ機会を設け、正しい知識を得る必要があります。情報を多く得られるのはマスメディアですが、セクシュアルマイノリティについての正確性には疑問を覚えます。教育のなかで正確な情報を得ることで、偏見はかなり解消できると考えます。その理解によって被災時だけでなく日常でも当事者が不利益な状況にあることを知ることができ、当事者への支援につながっていくのではないでしょうか。そのためにも、セクシュアルマイノリティ当事者が今回の震災でどのような被災をしたのか、そのときに必要だった物・支援が何だったのか、という声を聞いていくことが必要だと考えます。

また、これまで挙げてきたことの多くは、セクシュアルマイノリティ当事者に限った話ではありません。避難所での生活や被災後の生活では、なかなか自分の必要としている支援などを声にすることは難しいと思います。

たとえば前述したように、性別で分類されることで物資を受け取りにくくなる可能性もありますし、避難所でパーテーションによって個人のスペースを区切る場合、平時からＤＶや虐待の疑いのある家庭の状況が気がかりです。事実婚や同棲も増加してきており、パートナーの病状説明や遺体の引き取りの問題も、事実婚に関する法律の整備が行なわれていない現在では、セクシュアルマイノリティだけの問題ではありません。

そして何よりも、「人によって必要なものは異なり、それに優劣はつけられない」という基本的なことが、「生きるために必要なもの」という漠然とした言葉によってないがしろにされていたことが問題です。「生きるために必要なもの」とはいったい何でしょうか。被災地では化粧品やその他の支援物資が、一部の人によって「必要ないもの」「贅沢品」などとされ、必要としている人に届かなかったケースもありました。もちろん、食料・水・衣類・燃料は最低限必要なものです。ですが、それ以外の物は何がいちばん必要と感じるかはその人の性別や生活スタイル、疾病の有無などによって大きく異なって当然なのだ、ということを再確認しなくてはいけません。

また、今まであげてきた問題の多くは「非常時」だから出てきた問題ではなく、「日常」からあった問題が震災によって表面化したにすぎません。「医療」や「性別による分類」、「家族」というくくりなどによって、当事者は日常的に権利を侵害されています。非常時になる前に、日常から差別や偏見を解消していくことが最も大切なことです。

被災生活・避難生活という辛い状況下にあるのに、性自認や性的指向などによって、その生活がより辛いものにならないようにする必要があります。誰もが「個人」として尊重される支援のあり方を今後考えていく必要があるでしょう。

# 大震災で見つめ直した学生生活——出身地・山元町での被災を力に

山田優貴（元宮城学院女子大学学生）

## 1　家族の無事は確認できたが…

### ◆地鳴りとともにきた大揺れ

私は宮城学院女子大学に在籍する女子大学生です（二〇一一年一二月現在）。地元は津波被害が大きかった宮城県山元町で、大学まで二時間ほどかけて通学していました。

東日本大震災の発生したとき、私は仙台駅近くの地下にあるレストランで、アルバイト先の先輩と少し遅めのランチを和気藹々と楽しく食べていました。

そんなときに、あの大地震が発生したのです。最初はゴゴゴゴという地鳴りのような音がしたので、電車が通る音にしては何か変だなと感じて先輩と顔を見合わせていました。次の瞬間、地面がまるで波を打つようにグワングワンと揺れ始めました。テーブルの上の電気が大きく揺れ、すぐさまテーブルの下へ二人で潜り込みました。辺りの人達はパニック状態で、「ワー、キャー、怖い怖い、止めて、死にたくないよ！」と叫んでいました。

私は、ただただ怖くてテーブルの下で小さくなりじっと黙りこんでいました。とても長い間揺れ続けて、揺れが収まってきたら店員さんが「大丈夫ですか？　お怪我はありませんか？」と声をかけてきてくれました。机の下から出てみて、お店の散乱状態に驚きました。店員さんの誘導で外にでると、道路までたくさんの人が溢れている状態でした。

メールで家族に「私は今仙台にいるよ。皆は大丈夫？」と送り、すぐに家族から返信がきて安否を確認することができました。仙台市内に誰かほかにも友達がいないか確認したくてｍｉｘｉ（ミクシィ〈ソーシャルネットワークサービス〉）のボイス機能を使って確認したら、大学の友達がいたので待ち合わせをしました。少しでも多くの人で集まって心細くならないようにしたかったのです。会うことはできたのですが、仙台から比較的家が近いその友達は歩いて帰るということで、会ってすぐに別れました。

◆**安全な場所を探して**

日も暮れてきたので、私と先輩はこの後どうするかを話し合いました。先輩は仙台市内の弟さんのアパートに泊まる予定だったので、とりあえずそこへ行くことにしました。途中で飲み物とか食べ物を買っていったほうがいいということになり、コンビニに立ち寄りましたが、五〇人くらいの列ができていて、すぐに買い物ができる状況ではありません。また、一人当たり三点までと買う品数にも制限がありました。でも私たちは、一時間以上並んでコンビニでお弁当と飲み物とホッカイロを買いました。この日はとても寒かったのですが、先輩と話をしたらすぐに帰る予定だったので、服装は薄着で、ヒールの高いパンプスを履いていたので、凍えてしまいそうなくらいに寒くて、特に足がいうことをききませんでした。かじかんだ体を温めるためにホッカイロが買えたのはとてもありがたかったです。

アパートの部屋は下駄箱や冷蔵庫などが全て倒れていて、余震が続くので危ないと判断し、上着や靴、毛布などを借りて動きやすく寒くないようにしてから外へ出ました。

しばらくの間、避難所を探しウロウロしていると警察署を見つけ、何人か避難者がいたので私たちも中に入りました。中は暖かくてしばらく座っていると警察署の人が、「今から避難所まで車を出すので避難所まで行ってください。」と案内され、避難所まで乗せてもらいました。車の中でいっしょになった人たちと「なんだか、大変なことになってしまった。」と話をしていました。

避難所にはすでに一〇〇人以上の避難者がいました。ストーブが幾つかついていたのですが、避難所は外と同じくらい寒かったです。いっしょに車に乗ってきた人たち五、六人で場所をとり、毛布に皆で足を入れて固まって座りました。お互いどこから来たのかを聞き、どこへ帰るのか、これからどうするのかを尋ね合いました。

そのなかにいた五〇代くらいの女性が、翌日に息子夫婦が避難所まで迎えに来てくれるので、名取市（仙台市の南）の避難所までよければ乗せてくれると言ってくれたので、車で名取まで行くことにしました。夜ごはんには、牛タン弁当が支給されたのですが、あまり食欲が湧きませんでした。しかし、しっかり食べて力をつけないと山元町まで帰れない、と思って無理やりご飯を食べました。そしてすぐに寝ることにして横になったのですが、なかなか寝付くことができませんでした。

地震直後、父は岩沼市（宮城県中央部、仙台市の南約一八キロ、名取市の南にあたる）に、母と姉は山元町役場に避難していることまではメールのやり取りでわかったのですが、その後は電波が途切れて連絡が取れません。私の父は、海沿いのお店で働いていたので、地震からは助かったようだけど津波からは……と思うとゾッとして不安が襲い掛かりました。もしも、母と姉の近くに父がいないのならば、二人を支えるためにも、私はなるべく早く、そして確実に山元町に帰らなければと強く思いながら夢の中に落ちたのです。

## 2　山元町へ帰りつくまでの四八時間の道のり

### ◆名取市まで車に同乗させてもらう——震災翌日

三月一二日の昼ごろ、名取市の避難所に向けて出発しました。白石《しろいし》市に住む四〇代くらいの女性も同乗させてもらうことになりました。ここまでずっといっしょにいた先輩とは、「落ち着いたら必ず連絡します」と約束をして別れました（その後、再会を果たしています）。

名取市の避難所には一四時ころ到着したのですが、二人とも今から歩いて帰ると日が暮れてしまうことと次の日は一五度と暖かくなると避難所の方から聞いたので、次の日の朝早くに出発をして、山元町方面と白石市方面の分岐点である岩沼までいっしょに歩いて行こうと話しました。夜ご飯にはおにぎりか焼きそばが一人一つずつ支給されたので二人で分け合って食べました。夜はとても寒くて、ストーブの近くで寝たのですが床も硬くて冷たく、なかなか眠れずに何度も目を覚ましました。

### ◆ヒッチハイクで家族のいる山元町へ――震災三日目

三月一三日、朝ごはんの支給でおにぎりを貰って、六時ころに白石の女性と二人で出発しました。道がわからずに遠回りをしながら、道なのかよくわからないようなところを歩いていきました。車や自転車が家の中に突っ込んでいたり、道路がひび割れてガタガタになっていたりして、辺り一面が言葉にならないくらい荒れていて息をのみました。夢じゃないのだと何度も現実を突きつけられたような気がしました。

迷いながらもＪＲ東北本線の館腰《たてこし》駅にたどり着き、駅の向かいにある工務店に人がいるので「すみません、あけてください！」と無理にあけてもらいました。白石の女性が、仕事帰りでスーツにパンプス姿でとても動きにくそうだったので、その工務店でジャージとスニーカーを買い、私もスニーカーと荷物を入れるために大きいリュックサックを買いました。

買い物中に、白石の女性と相談して、ヒッチハイクをしてみようということになりました。もちろんヒッチハイクなんてしたことはなかったのですが、お互いなるべく早く帰りたかったので頑張ってみることにしたのです。お店の人に頼んで紙とペンを借りました。「寒いから少しですけど、これも持って行ってください」と、お店の人がホッカイロを幾つか渡してくれました。気遣いの気持ちが嬉しくて、頑張って帰らなくては、と強い気持ちを持つことができました。

お店を出てから、バイパス沿いで「岩沼・亘理《わたり》・白石・山下」と書いた段ボールを持ってヒッチハイクをしました。五分ほど続けてみましたが、車は見て見ぬ振りをして通り過ぎていくばかり。「状況が状況なので仕方がないよね」と女性と話をして、諦めかけて歩き出そうとしたところに、一台の車が止まって三〇代くらいの男性が出てきました。「今から山元町役場に向かうので、よかったら乗っていきませんか？」と声をかけてくれたのです。まさに私が行きたいところに向かう人でした。私は、「これでお母さんとお姉ちゃんに会える、地元の皆の安否が確認できる」と思ったら嬉しく、ひたすらお礼を言って車に乗せてもらうことにしました。

男性は山元町に弟さんが住んでいて、幼稚園に通う弟さんの息子が行方不明で探しに行くのだと言っていました。「私の家がその幼稚園の近くだ」と話したら、「その場所なら家は津波で流されたと思っていたほうがいい」と言われました。私の家は海まで二キロ程の距離にあるので津波は来ているだろうと考えてはいましたが、目の当たりにすることがとても怖かったです。

白石の女性とは国道の分岐点で別れました。そこからしばらく車で走ると山元町に入りました。バイパスから見える町を見て驚きました。車が田んぼのなかにたくさん突っ込んでいて、田んぼが海水と油でギラギラと光って見えました。小さなときから見ていた風景が全て変わってしまった、もう全部おしまいだ、と心のなかで思っていました。

### ◆命からがらに津波から逃げた家族

山元町役場に着き、男性にお礼を言うとすぐに私はお母さんを探しました。お母さんは役場で炊き出しの手伝いをしていてすぐに見つけることができました。お母さんは片方の耳が聞こえないので、大きな声で何度も「お母さん！　お母さん！」と叫んで駆け寄りました。お母さんは私を見つけると、「あぁ、優貴、よく頑張って帰ってきたね。」と言ってくれました。

お母さんは被災直後から炊き出しの手伝いをずっとしていたらしく、すごく疲れているのだろうけど、気を張っているのか顔が少しこわばっていました。しかし、私を見ると柔らかく微笑んでくれました。私はその顔をみて今まで張りつめていた糸がきれたように力が抜けて、安心して大きな声で泣いてお母さんにしがみつきました。「お母さんはあんたの心配はちっともしていなかった。優貴は必ず帰ってくると信じていたよ。大丈夫だって信じていた。」と言って、私が泣いたことに少し驚きながら落ち着かせてくれました。

お姉ちゃんは私を見ると「よかった、家族みんなが無事でよかった」と言って泣いていました。お父さんは「おかえり、疲れただろ。車の中に入りなさい。遅かったね、でも優貴の心配はしていなかったよ。」と言っていました。私の家族で私の心配をしていたのはお姉ちゃんだけとは、私が大分たくましく育っていると両親からは思われているのだなと感じたら拍子抜けして涙が止まりました。冷静になったとたん「お父さん無事だったのか！」と気がついて、「お父さん、よく逃げてきたね。私もう駄目かと思っていたよ。」と言ったら、本当に運良く、間一髪のところで津波から逃げられたことを話してくれました。

お姉ちゃんは、母は職場から避難してきて、自分は家から自転車で凸凹になった道路を縫うようにして後ろを振り返らないで走って逃げたと言っていました。そのなかで、私の家は無事であることを知りました。姉が家を出るときに戸締りをしっかりしたので家の中には海水が少しだけしか入らなかったらしく、掃除をすればまた住めるくらいの被害のようだと言われました。後から知った話だと、津波の分かれ目が私の家から三〇メートルほど海側だったらしく波が家から少しそれ、水捌けがよくて水もすぐに引いたようでした。

少し話をしたら落ち着いたので車の外に出ると、小・中学生時代の同級生に会いました。私の名前が行方不明者リストに載っていたらしく、私を見つけたときとても驚いた表情をして喜んでくれました。そのときに彼から山元町の地震の全容と行方不明である友達や友達の家族のことを聞きました。書ききれないくらいの犠牲者と行方不明者がいることがわかりました。助かった人も津波に巻き込まれて泳いで逃げたり、家の二階で一晩を過ごしたりしていたという話を聞いて大きなショックを受けました。

## 3　炊き出しや「りんごラジオ」でボランティア

### ◆スピードが勝負の一六〇〇個のおにぎり作り

その日から私の避難所生活が始まりました。最初のうちは、主に車の中での生活でした。朝と晩の炊き出しの配布に、寒い中何百人も並んでいる列にいっしょに並んで炊き出しを貰いました。

避難してきた次の日から、私は炊き出しの手伝いをすることにしました。炊き出しの手伝いというよりはお母さんを手伝いたいという気持ちが強かったです。一六〇〇個ほどのおにぎりを作る手伝いをしました。こんなに多くの人のご飯を作るのは初めてで、待っている人になるべく早く届けるためにスピードが勝負という感じでした。その後も私は数週間、炊き出しの手伝いをしました。

三月一五日には、父といっしょに一度家に戻ることができました。家は姉が言っていたとおり、掃除をすれば住めそうな状況でしたが、部屋の中に海水は入っているし、壁紙も破れていて、大きな被害を受けていました。このとき、避難所から汲んできた水をストーブで沸かして、被災後初めて四日ぶりに髪の毛や体を洗うことができました。持ってきた水の量が少なかったので私だけしか洗うことができなくて父に申し訳なく、とても心苦しかったです。

三月一六日にはiPhoneがやっと充電でき、きていた一〇〇件以上のメールはどれも私の安否を心配するものでした。皆に心配をかけて申し訳ない気持ちと、やっと安心させてあげられることが嬉しく思えました。

電気もガスも水道も使えない状況だったので、夜は暗くなったら寝るしかなくて一八時くらいに寝て朝は五時に起きる生活。炊き出しお手伝いの時間以外は、役場に設置された掲示板を見に行って新聞を閲覧したり、行方不明者リストを見て友達やその家族の安否の確認をしたりしていました。それ以外の時間は車の中にいたので、一人でいる時間はまったく取れません。肉体的にも精神的にも疲れているのに狭い車の中で足を伸ばして寝ることもできないこと、一人になる時間がないことは、私だけではなく家族皆にとって辛い状況だったと思います。避難所内で寝ることもできたのですが、多くの知らない人たちとずっと同じ空間にいるよりは、車の中で家族と過ごしたほうが、気が楽だと思ったので車の中で過ごしていました。

避難生活で嬉しかったことは、自衛隊が設置してくれたお風呂に入れたことです。三月二〇日のことで、お風呂は広くて足を伸ばしてのびのびと入ることができました。体の芯から温まることができて、お風呂って本当に素晴らしいと思いました。

## ◆臨時特設ラジオ「りんごラジオ」のボランティア活動

避難所生活のリズムが取れてきて、毎日手伝っていた炊き出しもボランティアの方にお願いできるようになったころ、高校生のときにやっていたボランティアグループ（ジュニアリーダー・ＹＶＣ虹）でいっしょに活動していた友達から、臨時特設ラジオ「りんごラジオ」の手伝いをしてくれないかと声をかけてもらい、手伝わせてもらうことにしました。

りんごラジオは、被災地・山元町から、被災者・避難者・町外の方にタイムリーな情報をお届けする災害臨時

ＦＭで、震災から一〇日後には開局するというスピーディーな対応をすることに成功したラジオ局です。元東北放送アナウンサーの高橋厚さんを中心に、ボランティアスタッフで午前七時から午後六時までの毎正時に三〇～四〇分間、行政情報や安否情報、スタッフが取材したニュースなどをお届けしていました。

私がお手伝いしたときは開局直後でしたが、すでに数名のボランティアスタッフの方がいてミキシングや情報デスク、記録係など役割を分担して活動していました。ラジオの仕事は初めてだったのでわからないことばかりでしたが、ミキサーの仕事をしたり、山元町内の避難所に取材をしに行ったり、天気予報のアナウンスをしたりと、様々な経験をさせてもらいました。そのうち、自宅区域の避難解除が出たので自宅から通ってラジオのお手伝いを四月いっぱいさせてもらいました。

### ◆将来への果てしない不安

生活が少しずつ落ち着いていくにつれて、自分の今後について考えることが多くなりました。この状況で大学に通い続けることは難しいけど、あと一年間なのだから卒業はしたい。休学をして家のことや地域の復興活動に専念しようか、どうするべきなのか自分ではわからず、悩んでいました。

震災前までは就職活動に自分なりに熱心に取り組んでいたのですが、企業側の採用が中止や延期になり、せっかくの今までの就職活動が振り出しに戻るのかと思うと出口の見えない就職活動に、果てしない不安を感じていました。

電気の復旧が一番最初だったので、被災して早い時期から友達とメールのやり取りができ、友達の言葉にとても支えられました。就職のことやこれからの学校生活のことを相談して、今後予定されている大学側の対応や支援について調べたことを教えてくれたりしました。仲の良い二人の友達は、車を出してくれたお兄さんと三人で、仙台市から遠い道のりを、直接山元町の私の元に支援物資やガソリンをたくさん持ってきてくれました。久しぶりに大学の友達の顔を見ることができたことと、私や私の家族のことまでも気遣ってくれた気持ちがとても嬉しかったです。

しばらくして、自分の今後の相談をするために大学に行き、支援課の方やゼミの先生である浅野富美枝先生に会いに行きました。浅野先生はいつもゼミでお世話になっているので、顔を見ただけでホッとして張りつめていた気持ちが緩み、涙がこぼれました。浅野先生は「山田さんは必ず宮城学院が全力で支援して卒業させますので、あと一年頑張って皆といっしょに卒業しましょう。」と声をかけてくださいました。その言葉を聞いて、私はこれから先どうなるかわからないけれど、あと一年間大学に通って絶対に皆といっしょに卒業しようと自分に誓いました。

## 4　大震災で変わった卒論・就職活動

### ◆ガールズプロジェクトに参加

五月、大学生最後の一年が始まりました。母は山元町、姉は東京、父と私は仙台市内のアパートでいっしょに、とばらばらの生活です。

授業、卒論、就職活動の合間をぬって、七月三一日に開催されたＭＤＧガールズ・プロジェクト（一三七ページ参照）の「★ティーンズの女子会★」では、プレゼントの配布を中心に手伝いました。私と同年代の女性たちが復興に向けて頑張ろうとしている姿に感銘を受けて、是非そんな人たちといっしょに支援活動をしてみたいと思い、一度だけですが参加しました。

全国各地からこんなに多くの支援物資が、被災した一〇代の女の子に向けて集まっていることに驚いたと同時に、支援物資をここまで集めたMDGガールズ・プロジェクトの皆さんの行動力と広報活動に感嘆しました。

活動中に話したMDGガールズ・プロジェクトの女性は、「何かしたいと思ってモヤモヤしていたけど、この活動に参加することでそんな自分の気持ちが少し報われた気がする。」と話していました。私が被災して避難生活を続けていたときに抱いていた気持ちと近いものを感じて共感しました。辛い思いをしている人を喜ばせて少しでも辛い気持ちを軽くしてあげたい。でも結局は喜んでいる人を見て自分が報われたいだけなのかもしれません。

それでも何もしないよりは何かしたいと思っていた若い女性たちが、MDGガールズ・プロジェクトで近い年代の人が集まってワイワイと楽しく、でも真剣に復興の支援の一つのピースになる活動をすることができる場があることにも、この団体の活動の大きな意味があると思います。

## ◆「震災と女子高校生」を卒論テーマに

被災前の私の卒業論文のテーマは「女学生の結婚観」でした。ブライダル関連の仕事を将来したいと考えていたので、それに関連した研究を進めていこうと考えていました。

しかし、今回の震災を経験して自分の将来してみたい仕事を一度考え直すことにしました。その際に、今の私ではブライダルの仕事を誠意を持ってやり遂げることは難しいように感じました。そうなると就職と連動して考えていた卒業論文のテーマも考え直さなければいけません。

担当教授である浅野先生に相談したところ「山田さんが辛くないようであれば、震災関連の卒業論文を書いてみませんか?」と勧めてくださいました。先生と話しているうちに、今回の経験をした私にしか書けないような卒業論文を書いて自分の経験を見つめ直すとともに、卒業論文を通して震災からの復興に繋がるヒントを何か少しでも見つけてみたいという気持ちが強くなり、震災をテーマにした卒業論文を書くことにしました。

またそこに〝女子高校生〟という限定を設けることで、震災ではあまり目を向けられなかったポイントに、より深い研究をすることができるのではないかと考えました。被災して避難所で生活していたときにいっしょにボランティアをしていた女子高校生たちの健気な姿を見て、何か力になりたいという気持ちがあったことを思い出し、このテーマで卒業論文を書くことに決めました。

### ◆聞き取り調査で気仙沼高校へお見舞い訪問に

卒業論文の聞き取り調査として、宮城県気仙沼市の気仙沼高校を訪問させていただきました。気仙沼高校は授業を再開した五月から、JR気仙沼線が不通になっている影響もあり、自宅通学が困難になった生徒三七人が柔道場で共同生活を送っていました。柔道場のスペースを男女別にパーテーションなどで仕切っていて、起床後は掃除や朝ご飯を終えてから学校生活を送り、夜は身の回りの片付けや勉強をして、畳の上に布団を並べて寝る生活です。

ここで生活していた女子高校生たちに、日常生活や各自の進路、悩みや今欲しい物資、被災直後に必要だった物資などについて話を聞かせてもらいました。不満を口にするよりも、全国各地からのたくさんの支援や励ましの言葉に驚いて、喜んでいる姿が印象的で、自身や町の将来など、今後についてどのように考えているかを知ることができました。

高校生という多感な時期にこのような震災を経験し、共同生活を送りながらも学校に通うことは、私が考えている以上にきついことだと思います。そんななかでも、生活をするうえでのルールや役割を決めながら対応していこうと頑張っている高校生たちは、とても頼もしい存在に思えました。

研究を通して、私は自分自身の今の状況に逃げないで目を向けることができました。自分も東日本大震災での被災者であるのに、このように客観的な研究を進めることに悩んだ時期もありましたが、研究を進めるにつれて、別の地域で被災した多くの被災者や、それを支援する人たちに出会えて、震災で苦しんでいるのは自分だけではない、前向きに復興に向けて頑張っている人たちがこんなに多くいるのだということに気づくことができたのです。

## 5 〝生きる〟ことに向き合って

### ◆社会人として、これから

震災前はブライダル関係の仕事につきたくて、ブライダル関連の企業を中心に就職活動をしていました。しかし、第一希望だった企業が選考を中止したり、面接が通っていた企業は私が避難中で身動きが取れないときに東京で次の選考をすると連絡がきたりと、企業や就職活動そのものに不安や疑問を抱くようになりました。

生活が少し落ち着いてきて、就職活動を再開しようと思ったときに私自身を見つめ直してみました。震災前は、お客様を心から祝うことができて、一人一人に親身になって一番喜んでもらえる提案やプランを考えていけるような仕事がしたかったけど、今の私は本当に心から祝うことができるのだろうか？　できないとしたら、それはお客様だけでなく働かせてもらえる企業にもとても失礼なことではないのかと思いました。

そこで、以前からやりとりがあった教育関連企業の選考も受けようと考えました。この会社は仕事内容や人事の方が親身な対応をしてくださり、魅力を感じていました。幸いその企業から内定をいただき、私は第一希望の企業に入社できることになりました。まだ入社をしたわけではないので不安なことも多いですが、これから社会に出ることに期待も感じています。バリバリ働いて、企業に必要とされて頼りにされる人材になれるように一つ一つ勉強していきたいと思います。

◆人が財産

今後は社会に出て、社会人としての責任や働くことのやりがいを実感して自分自身を成長させていきたいです。そして、ここまで育ててくれた両親に少しずつ親孝行ができたらいいなと思います。また、自分の町の復興にも携わっていきたいです。その時期によって自分ができる支援は異なってくると思うので、具体的に何がしたいとは言えませんが、自分が支援することによって自分がしていただいた支援の恩返しが少しでもできたらいいなと思います。

これから生きていくうえで不安はたくさんあります。放射能のことや、また大きな地震が来るのではないかと思うと、不安で胸が押し潰されそうになります。それでも朝は来て一日は始まるのなら、思い悩んでいる時間がもったいないと今なら思うことができます。一日一日を一生懸命生活して毎日を充実させれば、未来に希望が持てることに気がつきました。それは被災して〝生きる〟ということに初めてここまで向き合ったからなのだと思います。

東日本大震災で私は多くのものを失いました。しかし私以上に多くのものをこの震災で失った人はたくさん存在します。私はその人たちのために何ができるのかを常に考えていました。でも、考えれば考えるほどわからなくなっていき、何の力にもなれない自分に苛立ちました。考えても思いつかないならば、体を動かすしかないと思い、炊き出しやラジオの手伝いで自分の不安を和らげていたような気がします。

被災中は、私の力は微力だと日々実感して生活をしていました。いま目の前で泣いている人に、かける言葉が見つからない自分の無力さが情けなくなりました。せめて大切な人だけでも支えてあげたいのに、その術がないことに悔しさが込み上げました。

そんな私を支えてくれたのが家族や友達、地域の人や学校でした。私は本当に周りの人たちに恵まれていて、それが自分の財産だということに気がつきました。返したくても返せないくらいの気持ちと支援をいただきました。

東日本大震災は私にとって、とても辛い体験でした。しかし、今生きている私たちがこの体験を一人でも多くの人に伝えることによって、被災地の復興や防災に繋げていかなければならないし、それが今の私にできることなのです。

column 2

# 臨時災害放送局

佐藤理絵

災害が発生したとき、地域の人たちに避難場所や安否確認、ライフライン、救援物資など被害を軽減するための情報を提供することを目的とした臨時災害放送局の開局が認められる。一九九五年の阪神・淡路大震災の際に初めて開設され、北海道の有珠山噴火、新潟県中越地震、新潟県中越沖地震など過去に七局の事例がある。

東日本大震災では、この臨時災害FM局がかつてない規模で開設された。宮城、岩手、福島の三県で二六局（二〇一二年二月二九日現在）が誕生し、地域に密着したきめ細かな情報支援に力を発揮した。二〇一二年三月現在も復興情報へとシフトして放送を続けている局が少なくない。

そのひとつが宮城県山元町の「りんごラジオ」である。開局は二〇一一年三月二一日。同町在住の元アナウンサー高橋厚さんが親交のある新潟県のラジオ局から機材の提供を受け、町民有志と共に町役場の一角で放送をスタートさせた。壊滅的な津波被災の混乱の中、わずか一〇日後のことだ。既存のコミュニティーFM局が大震災直後、臨時災害放送局の免許を取得して切り替わったケースはあるが、まったくの白紙状態から新規局を立ち上げたケースとしては、「りんごラジオ」は異例の素早さだった。名前のりんごは町の特産品だ。

「りんごラジオ」のみならず、多くの新規局は放送経験のないボランティアが立ち上げにかかわり、番組制作や運営を支えてきた。一〇～二〇代の若者も大勢参加している。自宅を失い、仮設住宅に暮らしながら情報発信に奮闘する人もいる。被災者自らが届ける番組は視聴者を元気づけ、地域によっては流失した防災無線の代役も担う。大半の局がインターネット上で同時に番組を流すサイマル放送に対応。地域を超えて被災地の生の声を伝える貴重なメディアといえる。

臨時災害放送局からコミュニティーFM局に移行して常設化を目指す局も多いが、運営資金や人材の確保などの課題を抱えてもいる。

# 新しい支援の二つの動き
## ――セクシュアルマイノリティとガールズ世代を対象に

浅野富美枝
（宮城学院女子大学教員）

今回の震災支援では、これまで注目されてこなかった層への支援が見られた。一つは、「性同一性障がい」や性分化疾患、同性愛といったセクシュアルマイノリティ（性的マイノリティ）に配慮した支援であり、もうひとつは、高校生、大学生といったガールズ世代に対する支援である。

### 1　気づかれ始めたセクシュアルマイノリティ

セクシュアルマイノリティとは、従来の男性／女性の枠におさまらない性のあり様をもつ人々のことで、こころの性とからだの性が一致せず、つねにからだの性に違和感をもっている「性同一性障がい」といわれる人、男性／女性に分けることのできないからだをもつ性分化疾患といわれる人、同性に対して性的な欲求をもつ同性愛の人などのことである。自然がつくりだす性別は必ずしも男性／女性に画然と分かれるわけではない。性染色体や性ホルモンの分泌などのあり様によって自然は多様な性のあり様をつくりだす。

そのようにして誕生したセクシュアルマイノリティは、かつてはひた隠しにされ、「いない者」とされていたが、近年、医学の発達や人権意識の高まり、メディアで取りあげられる機会の増加などにより、わが国では一九九〇年代以降、セクシュアルマイノリティの存在と実態が明らかになってきた。

今日では、「性同一性障がい者」は二万人に一人、性分化疾患者は二〇〇〇人に一人、同性愛者は三〇人に一人いると言われており、無視することのできない困難を抱える人々として受け止められるようになった。

## 2　セクシュアルマイノリティへの支援の芽

私たちの社会ではこれまで、セクシュアルマイノリティは幼いときから生きづらい思いを余儀なくされてきた。親から与えられる衣服やおもちゃ、〈ボク〉〈ワタシ〉などの言葉づかい、学校生活のなかでの男女別の名簿や並び方、更衣室・トイレの使用、そして友だちとの日常的な話題のなかで無意識に求められる性役割などに対して感じる違和感は、大人に近づくにつれてますます強まり、社会に出ると、就職、医療、社会生活、職場、結婚などさまざまな領域で基本的人権の侵害となって表面化する。

こうしたセクシュアルマイノリティの人権侵害は、近年、当事者からのカミングアウト（自身が当事者であることを公言すること）や、セクシュアルマイノリティの人権確保の活動の高まりから、戸籍の性別の変更を可能とする法律「性同一性障害者の性別の取扱いの特例に関する法律」（通称・性同一性障害性別取扱特例法）が制定される（二〇〇三年制定、二〇〇八年改正、二〇一一年再改正）など、セクシュアルマイノリティの人権を尊重する動きが進められつつある。

セクシュアルマイノリティの人権侵害は性のあり様、性別によって発生することから、性別による人権侵害をなくす社会＝男女共同参画社会を形成する取り組みの一つとして捉えられ、近年では、男女共同参画に関する条例にも組み込まれるようになっている。セクシュアルマイノリティの人権への配慮を盛り込んだ条例は、大阪府堺市（二〇〇二年）、静岡県富士市（二〇〇四年）、福岡県八女《やめ》市（二〇〇四年）、大阪府門真《かどま》市（二〇〇五年）、北海道北見市（二〇〇六年）、栃木県佐野市（二〇〇六年）、大阪府四条畷《しじょうなわて》市（二〇〇六年）、大阪府大東《だいとう》市（二〇〇七年）、茨城県小美玉《おみたま》市（二〇〇八年）、大阪府泉大津市（二〇〇八年）、福岡県糸島市（二〇一〇年）、宮城県登米市（二〇一一年）などで制定されている。しかしこのような動きはまだ緒についたばかりで、当事者がカミングアウトできない状況が依然として一般的にみられる。

これまで防災や被災者支援において、災害時のセクシュアルマイノリティのニーズや支援が考えられることは皆無にひとしかった。しかし今回の東日本大震災をきっかけに、被災当事者の支援のあり方が首都圏の当事者や支援者の間で論議が進められたり、また、実際に本書の内田有美さんの論文にあるように、セクシュアルマイノリティのニーズに応えた避難所がみられるなど、セクシュアルマイノリティに対する支援の萌芽が見られた。

今後は、災害時、当事者がどのような思いをしていたのか、どのような支援を求めていたのか、災害支援としてセクシュアルマイノリティにどのような支援が必要なのか、カミングアウトする条件が整っていない環境下での支援はどうあるべきなのかなどの調査が実施され、当事者への支援が本格的に取り組まれなければならない。

## 3　がまんのなかの被災高校生

震災から一か月たった四月、ある避難所を訪問したとき、女性たちが思い思いに自分たちの悩みやニーズを語りあっているなかで、部屋の片隅に寄り添うようにして遠慮がちに座っていた二人の女子高校生がいた。地域の男女共同参画の取り組みのなかでも忘れられがちなのが、子どもと大人の境目に位置するこの世代である。「なにか困っていることはない?」と声をかけると、「みんながまんをしている。だから自分たちもがまんしている。こんなときに思っていることを口に出すのはわがままだと思う。」と消え入りそうな声で語った。

このような女子高校生の姿は、どこの避難所でも見られた。六月に訪問した避難所で、二人の女子高校生に話を聞いた。二人は津波で壊滅的な被害を受けた南三陸町の高校生で、当時は栗原市の避難所で家族と暮らしていた。彼女たちが通っていた高校は、校舎は残っているが、飲料水がないのと校舎の修理や備品の整備が必要なために使うことができず、隣の登米市内の高校を借りて学校生活を送っているとのことだった。

登米市の高校で久しぶりに同級生に会い、日常の学校生活が再開されたときはすごくうれしかったが、間借りの学校生活はいろいろ制約があって、窮屈な思いをすることもけっこうある。通学は、避難所から最寄りのバス停まで保護者の車で送ってもらってバス通学をしているが、土日はバスの本数が少なく、思うように部活もできていないようだ。

二人のうちの一人の両親は被災により仕事を失った。父親はストレスがたまり、いつも不機嫌でイライラしているので、家族は父親を怒らせないようにびくびくして生活している。姉は正社員で、子どもを保育所に入れて仕事を続けているが、他の自治体の保育所に入れると地元に戻ったときに入所できるかどうかわからないので、一時間以上かけて地元の保育所まで子どもを送迎しているとのことだった。

もう一人の高校生は一人親で、親はスーパーで働いている。高校三年の姉は進路のこともありいつもイライラしていて、最近は姉とけんかが絶えないそうだ。

被災後の家族生活は経済的・精神的に深刻な状況にあり、どちらの高校生も、学校でも家庭でもじっとがまんの生活を強いられている様子が痛ましいほど伝わってきた。

## 4　進路に悩む高校生

そのなかで彼女たちは、大きな不安につぶされそうになりながらも、自分の進路と真剣に向き合っていた。一人はイラストレーターを目指し、専門学校への進学を希望していた。アルバイトをして購入したパソコンと専門ソフトでイラストの勉強をしていたが、やっとの思いで手に入れたそのパソコンを津波で失ってしまった。家族からは経済的な事情から就職してほしいと言われているが、夢を実現するため、奨学金の手続きのしかたを自分で調べ、特待生を目指して頑張っている。

もう一人は福祉士を目指していた。しかし高卒での就職が難しいことから、学校からは進学を目指すように勧められていて、福祉系の専門学校へ進学するかもしれないと語っていた。

被災高校生にとっての最大の不安は何といっても進路問題である。家庭の経済状況の変化から、多くの高校生が進学と就職のはざまで揺れ動き、進学を断念して就職を選択する高校生も少なくない。しかし前年来の就職難は震災後の二〇一一年も引き続いており、とくに女子高校生の就職の厳しさは深刻である。二〇一二年春卒業予定の高校生に対する求人は、夏ごろまでは、被災した企業が新規採用を減らしたほか、直接的な被災を免れた内陸部の企業でも業績悪化で採用数を減らし、深刻な就職難が被災地域全体に広がっていた。その後、行政の働きかけなどにより、関東・東海圏の企業からの求人が増え、宮城県外への就職希望者が三五％から五〇％へと上がった。しかし、被災地域の高校生には地元志向が高まっており、また、たとえ本人が県外での就職を希望しても親がそれを許さないケースもあって、希望どおりの就職は難しい状況にある。

秋以降、「震災復興需要」により地元での内定者は増えたが（二〇一二年一月末現在、宮城県内の高校生の就職内定率は八六・四％、過去一〇年で最高、男子八八・五％、女子八三・八％、「河北新報」二〇一二年二月一六日）、土木建設業や自動車製造業の求人が増えた一方、津波による甚大な被害を受けた沿岸部の農林水産業や水産加工を含む食品製造業、宿泊・観光等のサービス業の求人は激減するなど、求人職種には偏りが見られ、一時的・不本意就労が増えているとの報告もある（『教育』二〇一二年三月号、通巻七九四号、教育科学研究会編、かもがわ出版）。

今回の震災は、高校生世代の将来にわたって大きな問題を引き起こしている。

## 5　高校生世代をサポートする大学生世代

気仙沼市では、通学が困難となり高校内の避難所で暮らしていた一四名の女子高校生に話を聞いた。彼女たちは当初同校の体育館に設置された一般市民向けの避難所にいたが、進学志望者が多く、就職予定者もほとんどが公務員志望で受験勉強を必要としているため、二四時まで利用可能な自習室を備えた高校生専用の避難所を高校側が設置し、そこで生活をしているとのことだった。

週末には親元に帰る生徒が多いと聞いて、「夏休みは家族とゆっくり会えるので楽しみでしょう」と話しかけると、「受験の補習でそれどころではない」という言葉が返ってきた。避難所生活は合宿のようで楽しいと言っていたが、しっかりした受け答え、明確で揺るがない進路志望、一分の隙もない優等生的な態度に、だいぶムリをしている様子がうかがえた。別れ際に、持参したかわいらしいポーチやストラップを手渡して外に出ると、なかから初めて、高校生らしい「キャーッ」という歓声が聞こえてきた。

こうしたなかで、この世代を支援する取り組みがせんだい男女共同参画財団によって提起された。支援物資のなかに若い女性が喜びそうなものがほとんどないことを聞いた財団職員が、「女の子の表情がこわばっている」、「がまんをして、いい子になっている感じがする」、「女の子たちに、好きなもの、ふわふわ、きらきら、かわいいものを届けて、抑え込んでいた気持ちを少しでも解放してほしい」、「自分の中に生きる力があるんだ、と思い出してほしい」と願い、大学生世代の女性たちに呼びかけたところ、宮城学院女子大学（M）とドレメファッション芸術専門学校（D）の学生が呼びかけに応えてくれた。このチームは「MDGガールズ・プロジェクト」と名づけられ、震災後一年たっても、息長く、高校生世代にプレゼントを届け、おしゃべりをし、元気を取り戻す空間を提供し続けている。

＊＊＊

震災発生以来、被災地の女子大生たちは、子どもたちへの絵本の読み聞かせや遊びの相手、小中学生への勉強の相手、さらには瓦礫の撤去にいたるまでさまざまな被災者支援にあたっている。女子大生の置かれている状況は女子高校生とそれほど変わらない。

支援活動に取り組む女子大生の多くは、多かれ少なかれ、自身も被災者である。私が勤務する大学では、震災当日は春休み中だったが、卒業式に着用するマントの貸出日だったため、四年生を中心に数百名の学生がキャンパスにいた。

彼女たちの多くはその日のうちに帰宅したが、家族と連絡が取れなかったり、連絡が取れても帰宅できない学生や、近隣のアパートでひとり暮らしをしている学生など二〇〇名以上がその日から学内の体育館、学生センターなどで避難所生活を始めた。学生のなかには、津波で家が流失したり、親族を失ったりして、物心ともに大きな傷を負った者が多数いた。教職員は、シフトを組んで学内に寝泊まりしている学生たちの生活を支援し続け、学生たちの安否確認やキャンパス内の被災状況の確認、研究室の片付け、新年度の学事スケジュールの見直しなどに追われた。

一か月遅れの新学期が始まり、キャンパスに日常の学生生活が戻り、学生たちの明るい声が響き渡るようになっても、ひとたび実家に帰ったときには震災当日そのままの現実に直面するわけで、そのギャップのなかでさらに心の傷を大きくする学生もいた。とりわけ就職活動に直面している四年生は深刻で、ただでさえかなりの精神力を必要とする就職活動に取り組むエネルギーを引き出せずにいる学生は、秋になっても少なからずいた。

こうした学生たちのなかの比較的被害の少なかった「なにかせずにはいられない」学生たちが、精力的にさまざまな被災者支援にあたった。そしてその活動のなかで、彼女たちは、心の奥底に封じ込められていた生きる力を少しずつ引き出していった。山田優貴さんの文章にはその経過がよく表れている。

## 6　若者世代にもっと目を向けよう

若者への支援が貧困であることは、震災のずっと以前から指摘されていた。大人になる直前／直後の若者世代に対する支援とは、経済的・生活的・精神的、そして性的に自立した成熟した大人となる手助けをすることである。しかし今日のわが国では若者が自立した大人になることがきわめて困難である。

わが国では、若者に用意されている自立した大人になるルートは、無事に高校／大学を卒業し、新卒で就職するという道しかなく、これからはずれると「落ちこぼれ」とみなされる。最初の関門は学校生活をクリアすることである。しかし、中退することなく学校生活をクリアしたとしても、その最終段階の就職活動（就活）でつまづく若者もいる。血を吐くような就活の末に新卒で就職できたとしても、低賃金、劣悪な労働環境、長時間労働、過度なノルマ等の壁が待っている。

「ワーキング・プア」や私生活を犠牲にした「仕事人間」に耐えきれず、退職すればあとはなかなか正規の職につけない。しかも、「落ちこぼれた」責任は「自己責任」としてすべて若者自身に転嫁され、自立できない人間は「社会に迷惑をかける存在」としてお荷物扱いされる。この傾向は九〇年代半ば以降の新自由主義と言われる構造改革の時代にとくに顕著となり、この時代に若者として生きた世代は「ロストジェネレーション」と呼ばれ、今日、深刻な社会問題となっている。

震災発生の前から、大学中退者数が高校中退者数を上回り、二〇代の若者の半数以上が非正規雇用で働いている。親の貧困が子どもの貧困を引き起こし、貧困の連鎖から抜け出せずにいる若者も数知れない。グローバル化のなかで競争は激化し、不利な条件下におかれている者にとって生きにくい環境が拡大している。今日ほど、若者の大人への移行が困難な時代、若者世代が軽視され、ぞんざいに扱われている時代はない。

国連では、二〇一一年一二月一九日、社会的に軽視、差別され、時に危険な目にあってきた途上国の女の子たちが潜在能力を発揮できる社会をつくることを目的として、毎年一〇月一一日を「国際女の子デー」にすることを採決した。

軽視・差別され、持てる力を発揮することを奪われているのは途上国の女の子だけではない。若者世代はもっと大切にされてよい。大人への移行期にある若者世代に対する支援が震災のなかでも求められている。

[第 4 章]

# 被災地の報道・行政現場の女たち

# 震災を伝え続ける地元紙・河北新報

佐藤理絵（河北新報社）

## あの日の朝刊が届けたもの

今になってみると、あれは予兆といえなくもない。三月一一日付河北新報朝刊の社説と一面コラム「河北春秋」のテーマは、どちらも「地震」だった。コラムを執筆したのは当時、論説委員会に在籍していた私である。

前月の二二日にニュージーランドのクライストチャーチ市で大地震が起き、日本人留学生も多数犠牲になっていた。三月九日には三陸沖を震源とするマグニチュード7・3の地震があった。度重なる地震。危機感から、コラムは聴覚障がい者の命綱でもある災害時の字幕情報や手話通訳の普及を訴える内容だった。そして、同僚が書いた社説の見出しは「想定外の揺れに備えたい」と呼び掛けていた。

「想定外の揺れ」はあろうことか、その日の午後二時四六分、現実となってしまった。不気味に長く、大きな揺れだった。仙台市の中心部にある河北新報社本社の八階建てビルは右に左に、そして円を描くようにぐるぐると三分もの間、揺れ続けた。

私は五階の休憩室で遅い昼食を食べ終わったところだった。揺れが少し収まった隙を見て七階の論説委員会に駆け上がると、あらゆるものが倒れ、床に散乱していた。頑丈な可動式の書架群もすべてグニャリと折れ曲がり、本という本が飛び出していた。

編集・制作部局は六階にある。夕刊をつくり終え、朝刊制作に取り掛かる前のひとときの静寂を破り、天井パネルが音を立てて落下した。照明のカバーがぶら下がり、空調の排水管が破れて床は水浸しになった。

最上階にあるシステム部のマシンルームでは、紙面を組み上げるコンピューターシステムの中枢であるディスク装置が横倒しになった。これが動かなければ自社での新聞制作は不可能だ。復旧のめどは立たない。即座に「緊急時の新聞発行相互支援協定」を結んでいる友好社、新潟日報社（新潟市）と連絡を取り、号外と翌日付朝刊の制作を支援してもらうことが決まった。紙面づくりに携わる編集局整理部の部員が二人、車で新潟へと向かった。

強烈な余震がひっきりなしに襲う。全員避難の指示で在社していた百数十人が屋外の駐車場に出た。部署ごとに安否を確認する。大半が家族に携帯電話をかけていたが、通信は既につながりにくい状態だった。私も同じ社に勤める夫とはそこで顔を合わせたが、仙台市内に住む親たちには電話もメールも通じなかった。首都圏にいる社会人と大学生の子ども二人とは何とか連絡がつき、無事を知らせるとともに祖父母の安否確認を頼んだ。被災地外との電話は比較的つながりやすかった。

＊＊＊

避難指示が解除され、各自が職場に戻って紙面づくりを始めたときには午後四時を回っていた。外はいつの間にか吹雪になっていた。停電のため、非常用の自家発電に切り替えての作業である。論説委員会では社説、コラムの当番が執筆に取り掛かった。私は翌日のコラム執筆を受け持つことになり、その日はもっぱら情報収集や部屋の片付けを担った。

三月の日暮れは早い。地震発生直後、取材に散った記者たちは急き立てられるように街を回り、目にした惨状を本社デスクに伝えてきた。通信が不安定な中、何とかつながった電話にしがみついてデスクたちは情報を受け、パズルのピースをつなげるようにして原稿を仕立てていった。やがて届き始めた写真が信じられない様相をあらわにしていく。けれど、いくつ情報を連ねても一向に全体像が見えてこないほど、とてつもない大災害だった。

東北六県を発行エリアとする河北新報社は宮城、岩手、福島各県の沿岸部にも多くの総局・支局を抱える。巨大津波に襲われた町々で、記者たちは自らの身も危うくする状況に陥っていた。

宮城県南三陸町にある志津川支局の建物は跡形もなく流された。記者は幼稚園児の息子とともに逃れた高台で、津波にのまれる町を目の当たりにした。夢中でカメラのシャッターを切り続けた。ところが通信の途絶で本社に送信できない。せめて原稿だけでも、と辛うじて通じた携帯電話で本社デスクに恐怖の光景を伝えた。「街が消えた。家々がなすすべもなく燃え続けた」。迫真の記事は翌日朝刊の社会面トップを飾ることになる。宮城県気仙沼市の漁港そばに建つ気仙沼総局では、総局長が津波にさらわれかけた。九死に一生を得た翌日、自らの体験や街の様子をあり合わせの紙の裏につづり、その手書きの原稿を本社に向かう記者に託した。

＊＊＊

印刷センターは本社から十数キロ離れた場所にある。免震構造を備えていたおかげで被害はなく、自家発電で印刷が可能だった。だが、ここでも大きな障壁が立ちはだかる。本社、センターともインターネット回線が不通だった。幸い共同通信社の協力を得て新潟日報からの紙面データを受信することができ、まずは二ページの号外を刷り上げた。

停電で真っ暗な街。号外は営業部門の社員が手分けし、仙台市内の避難所などで配った。我も我もと人々は手を出し、懐中電灯で照らしながら紙面を食い入るように見つめた。

八ページ建ての朝刊の輪転機が回り始めたのは、日付が変わった一二日午前〇時二〇分だった。三時過ぎに刷り終え、輸送トラックが宮城県内各地の販売店に向けて出発した。高速道が通行止めとなり、県外への配送は断念せざるを得なかった。「行けるところまで行こう」。信号も消えた暗闇の中、無線とヘッドライトだけを頼りにがれきや陥没をよけつつ走る。寸断された道に立ち往生し、無念の思いで引き返した輸送車もあった。

販売店も甚大な被害を受けた。津波で流されたり全壊したりした店は一九か所。店主や従業員で亡くなった人、行方不明の人は三〇人近い。自らも被災しながら、多くのスタッフが店に集まった。夜明けを待ち、倒壊した町を巡って一軒一軒の存在を確かめ、避難所を回って懸命に配り歩いた。

「こんな大震災の翌朝、まさか届くとは思わなかった新聞がいつも通りに届いた。そのことにどれほど勇気づけられたことか」。皆が口々にそう言って喜んでくれた。朝刊が届けたのは情報だけではなかった。「伝えなければ」という私たちの必死の思いであり、信頼であり、絶望の中のささやかな光明でもあった。その手応えに私たちも励まされていた。

## そのとき、女性記者たちは

河北新報社には約三〇人の女性記者がいる。若手の何人かは震災当夜のうちに気仙沼市や岩手県釜石市などの津波被災地に向かった。その後も交代で激甚被災地に通う日々が続く。がれきを越え、泥だらけになり、空腹や粉じんと闘いながら人々の慟哭を受け止める、肉体的にも精神的にも厳しい取材だ。「現実感が持てず、言葉も出なかった」「無力感が募った」。初めて津波の爪痕を目にしたときの感情を彼女たちはそう振り返る。

社に戻り、泣きながら原稿を書く姿もあった。自宅が壊れ、社に寝泊まりして取材に奔走する記者もいた。故郷が津波で壊滅し、喪失感に打ちのめされながら仕事を続けた人もいる。「しばらく興奮状態だったと思う。生活が落ち着いた二週間後ごろから虚無感、けだるさを感じるようになった」。多くの記者がそんな状況にあった。

＊＊＊

五百万を超す人が一瞬にして被災者になった。それが東日本大震災だ。程度の差はあれ、宮城、岩手、福島のどこもかしこも被災地である。そこに住む人であれば誰もが、職業人としての自分と家庭人である自分とのはざまで葛藤したはずだ。新聞社員ももちろん例外ではない。とりわけ、介護の必要な老親や幼い子どものいる共働きの社員は家族を守ることと仕事との両立に頭を悩ました。

報道部で仙台圏域の取材を担当する女性記者は、本社の近くのホテルでインタビューの最中だった。真っ先に考えたのは小学校にいる二年生と六年生の子どもの安否だ。災害時には親が引き取りに行くことになっている。取材を途中で切り上げて社に戻り、同僚に上司への伝言を頼んで学校へと急いだ。

子どもにとって親の代わりはいない。子どもの安全を確保しないことには後顧の憂えなく仕事に向き合うことはできない。「自分の行動に迷いはなかった。けれど、やはり仕事とは両立できないのだという現実をまざまざと突きつけられた思いでした」。雪が降り始めた校庭に上着も着ず、上履きのままの子どもたちが集められていた。青ざめた顔をした子、泣いている子もいた。二人の子を連れて会社に戻り、その夜はそのまま社の会議室に泊まった。

別の女性記者は男性上司に「子どもの保護を優先して」と促され、保育園に五歳の娘を迎えに行った。迷ったがとりあえず会社に戻ると、同僚の子どもたちがいた。子ども同士で過ごすうち、おびえていた娘も落ち着くことができた。

報道部遊軍班の女性記者は震災発生直後、本社近くにある仙台市立病院に取材に行った。その日は夫の仕事が休みだったので、小学二年生と五年生の子ども二人は夫に任せようと思った。けれども電話がつながらず、安否が知れないことが不安だった。バスも地下鉄も止まっていたので一時間以上歩いて家に戻り、無事に合流できた。余震に備え、その夜は家族四人、車の中で朝まで過ごした。

＊＊＊

震災の夜、社内に避難した子どもたちを誰もが温かく受け入れ、食べ物や毛布を差し出して何くれとなくいたわった。想像を絶する大惨事に直面し、大人たちも心の均衡を保つのに苦心していた。守るべき子どもの存在は、おそらく大人たちの気持ちをクールダウンさせるのに役立ったのだろう。殺気立った震災報道現場のただ中で、子どもたちの姿は生活者の感覚を呼び戻してくれた。

弊社には日頃からどこかアットホームな雰囲気がある。子連れの避難も当然のように許容した。「会社には電気も水も食べ物もある。子どもを連れてきたら?」と部下に声を掛けた人もいる。

半月ほどは幾人かの社員が子連れで出勤していた。学校が休みになったからだ。子どもたちは親の勤務中、畳敷きの休憩室でゲームをしたり本を読んだりして過ごした。もちろん女性社員ばかりではない。二人の子を伴ってきていた男性社員は、妻が保健師で避難所対応に忙殺されていた。「気兼ねはあったけれど、余震が続く中、子どもだけで留守番させておくわけにはいかない。会社が許してくれたことに感謝しています」。子連れ出勤した社員たちは異口同音に話す。

震災一か月後の社内アンケートで子育て中の女性記者たちはこんなふうにつづっている。

「子どもの世話を優先せざるを得なかったため、思うように取材活動ができず、心苦しく思った。一方で、仕事の都合を優先するため、地震でショックを受けた子どもたちの世話もできていないという思いに駆られた」「時間などの制約があって思うようには仕事ができず、ほかの人たちに申し訳なく、『こんなときに』という思いが募った」「子どもの世話で三月は仕事にならず、心身疲労困ぱいの同僚に申し訳ない気持ちでいっぱいだ」

仕事と家庭とのはざまで悩んだのは片働きの男性記者も同じだ。ライフラインが途絶え、食料調達もままならない環境の中、幼い子どもを抱えて難儀する妻、妊娠中の妻…。家族を案じながら、ろくに家にも帰れず仕事を続けた心痛を多くの人が吐露している。単身者もまた、自分の暮らしを立て直せない苦痛を抱えていた。生活物資を手に入れるには何時間も行列に並ばなければならない。日夜働き詰めの身にそんな余裕などなかった。離れて暮らす親きょうだいの安否が分からず、苦しんだ社員も少なくない。

＊＊＊

歴史的な出来事が起きたとき、最前線で存分に取材したいと思うのは報道に携わる者の本能だ。誰もがそう思いながら、部署や役割分担によっては後方支援に甘んじなければならないこともある。混乱の中での取材活動は人によって負担の軽重に偏りが大きかった。家庭との両立に悩んだ記者のみならず、忸怩たる思いや最前線取材に行けない不満を抱いていた記者は少なくない。

けれども震災取材に求められるのは瞬発力だけでなく、持久力だ。時とともに、そうした記者たちも力を発揮する機会が増えていった。子どもと一緒に避難所で暮らした記者は、その体験があるからこそ共感を持って被災者に寄り添う取材ができた。教育担当の記者は学校が始まると、小学生の母としての視点を生かし、さまざまな課題を取り上げた。

「生死を問う非常時」は長いこと続き、紙面は来る日も切迫した記事で埋め尽くされていた。「女性視点」の記事は、今はそれどころではないと受け入れられない雰囲気があった。空気が変わってきたのは一か月以上過ぎてからだったと、女性記者たちは振り返る。

避難所の環境を女性記者の視点で点検する現状ルポが掲載されたのは四月一三日のことだ。三人の記者が宮城県内の気仙沼市、南三陸町、東松島市、仙台市で取材。女性にとって暮らしやすい避難所であるためにはどうしたらいいか、配慮のポイントをまとめた。女性の視点で防災対策の充実に取り組むＮＰＯ法人「イコールネット仙台」の代表理事、宗片恵美子さんの談話も紹介された。

以降、被災女性を支援する女性たちの活動が活発になるのに伴い、それを取り上げる格好で女性視点の記事が増えていった。イコールネット仙台のほか、本書にある「えがおねっと」（登米市）、「みやぎジョネット」（仙台市）や、せんだい男女共同参画財団による取り組みなどだ。

## 生活情報を伝える

「生活関連情報」の掲載を始めたのは一二日付の夕刊からだった。電気、ガス、水道が止まり、交通、通信がまひし、灯油もガソリンも食料も生活用品も手に入らなくなった被災地である。ライフラインのほか、医療、ごみ処理、金融機関、宿泊施設、学校、身の回り品、炊き出し、遺体安置所…。暮らしをやりくりし、まさに生き延びるためのさまざまな情報をまとめ、発信するこのページを大勢の人たちが頼りにしてくれた。多くの避難所、公共施設の掲示板に紙面が張り出され、その前には人だかりがしていた。被災した人たちにとっては情報も必需物資だった。

取りまとめを担当したのは生活文化部、夕刊編集部の記者たちだ。多種多様な情報を一つ一つ確認し、記事化する地道な作業を積み重ねる毎日。不自由な生活にいら立つ読者から電話が入り、鬱憤の受け止め役を担うこともしばしばだった。

一年がたつ二〇一二年三月現在もこの欄は続いている。当然のことながら掲載情報は時間の推移とともに変化し、紙幅も縮小したが、一隅にいまだ残る「遺体安置所」の文字が被災の深刻さを物語る。そして四月以降も、欄は形を変えて続く。被災者の生活再建の道のりは果てしなく遠い。復興に向けた暮らしの情報を伝える必要が増すのはむしろこれからだ。

＊＊＊

夕刊編集部の記者たちはツイッターによる生活情報の発信も試みた。スタートは震災四日後の三月一五日。ライフラインが断たれた仙台の街で何が起きていて、市民は何を知りたいのか。リアルタイムにつぶさに伝えたいという思いが出発点だった。

物資の枯渇は当然、新聞社をも襲った。取材したり新聞を配達したりするガソリンがない。取引していた製紙工場が津波にやられ、印刷する紙がない。印刷に必要な水も足りない。ページ数は縮小せざるを得なかった。緊急対応の紙面構成のため、通常面は軒並み休載を余儀なくされた。震災取材は報道部中心だったので、担当する紙面がなくなった夕刊編集部の記者が、それに代わるものとして考え出した発信スタイルでもあった。

「〇〇八百屋さんが店を開けていますよ」「××でお惣菜を売っていました」「銭湯が営業中です」「行列の長さは…」。徒歩や自転車で街を回り、拾い集めた生活情報をツイートする。伝聞ではなく、自分の目で見、確かめた情報だけを発信することに徹した。「気をつけたのは正確であること、パニックを起こさないようにすること、市民感覚を共有すること、訂正があればすぐにすること」。活動の中心となった男性記者は振り返る。

自らも被災者であるからこそ、生活者であるからこその情報だ。いつもの「紙」とは異なるツールではあったが、新聞記者が発信するから信頼してくれる。そんな手応えを感じたという。発信に応えてフォロワーが新たな情報を提供し、その連鎖の広がりは驚くほどだった。四月中旬まで続け、記者たちは新たなメディアの可能性を実感した。ネットでの発信は被災地域外の人たちに被災地の窮状を伝える役割も果たした。パソコンを持たない被災者にも県外に住む家族や友人が情報を拾って電話で伝える。そんな活用のされ方も少なくなかったようだ。

「ツイッターを眺め、街が少しずつ動きを取り戻している様子を実感するだけで前向きな気持ちになれた」。後日、そんなふうに話す人も多い。元気を発信する。それはツイートした記者たちの願いでもあった。

## 情報を届け続けるために

非常時に情報を届け続けるにはどれだけ多くの力が必要か。大震災では社員の総力が試された。日常業務が休止状態になり、手が空いたため、自主的に後方支援に回った社員も多い。

震災当夜、女性社員が中心となりボランティア的に立ち上げた「おにぎり班」は、やがて福利厚生部門の部員や社員食堂のスタッフも加わって組織化され、半月ほど社員の食を支え続けた。山形総局では総局員と家族が総出でおにぎりや総菜を作ったり物資を買い集めたりして、六〇キロの道のりを毎日本社まで届けた。編集局整理部の男性部長は職場にコンロを持ち込んで料理を作り、部員のおなかを満たした。

全国の新聞社や通信社から続々と届く支援物資の仕分けを担う人、米や食材、水、ガソリンなどの調達に走り回る人…。誰もが「情報発信を途絶えさせない」という一つの目標に向かって知恵を絞り、力を出し合った。

＊＊＊

被災を乗り越えて紙面を作り続ける助けになったのは何より、日ごろから地道に培ってきた人のつながりだったといえる。地方紙は土地に根を下ろし、密度の濃いネットワークを紡いでいる。物資の調達も取材の手掛かりも、そのネットワークがものを言った。人々がどんな情報を求めているか。敏感にすくい取るにはそうしたネットワークと、そして生活者としての感性が必要だ。

地域とつながる大切さは個々の生活の上でも同様だ。地域人として常日頃どう暮らしているかが問われる。家族を守り、生活の不自由を乗り切って働き続けるには女も男も共に地域の互助を育む普段の努力が要る。そして、自助の備えも忘れてはならない。

三〇年以内に九九％の確率で、マグニチュード7・5クラスの「宮城県沖地震」が発生すると言われていた。だから、防災意識はこれまでも決して低かったわけではない。けれども、これほどまでに広域で激烈な災害にあっては「走りながら考え、生き抜くために工夫する力」が重要だと痛感させられた。地域、職場、家族でそれぞれに共有する防災マニュアルは大事だ。と同時に、想定を超える事態に直面したとき、機に応じて柔軟に対処する力を養っておくことも欠かせない。それは、私たちを取り巻く地域社会や職場がどれだけ柔軟であるか、多様な人たちが生きやすい包容力を備えているか、ということにも通じるだろう。

被災地に暮らす多様な一人一人の声をきめ細かく拾い上げ、寄り添う姿勢で伝え続けていく――。地元紙として河北新報社が掲げる心構えだ。多様な価値観を認め合える新たな地域の創生につなげていきたいと思う。

# 被災自治体職員の声なき声

伊藤利花（自治労宮城県本部中央副執行委員長、栗原市職員労働組合執行委員長）

## 体験したことがない揺れ

二〇一一年三月一一日午後二時四六分、宮城県栗原市築館《つきだて》地区の栗原市役所で業務にあたっていたとき、突然の激しい地震に見舞われた。庁舎三階にいた私は立っていることはもちろんできず、机の傍らにしゃがみこみ周りのキャビネットやロッカーが次々と位置を変え、倒れていくのを驚き怯えながらただ見ているのみだった。私だけではなく職場の仲間も同様で、お互いの無事を声を掛け合いながら確認し、その他には何もできないまま佇んでいるだけの状況だった。

私たち栗原市の住民は、二年前にも「岩手・宮城内陸地震」という、大きな震災を体験していたが、このときの揺れはそのときの震度を上回っていることは容易にわかった。粉塵にまみれ、大型備品が次々と崩れていく事務室の中で「自分はここで死ぬのかもしれない」と思った。後から知ったそのときの震度は7。かつて体験したことのない、立っていられないほどの震度だ。

その後すぐに停電したが、市役所にはその夜のうちに電気が供給され、すぐに災害対策本部を立ち上げ現状把握と情報収集にとりかかることになった。

## 1　着の身着のままだった対応

そのまま、多くの職員は帰宅することなく、市内の被災状況の確認に赴き、また情報の取りまとめや今後の対策協議等で、着の身着のまま市役所で朝を迎えることになった。私も事務室の椅子で仮眠をとりながら業務に当たっていたが、最新の情報を得るためにと一晩中点けていたテレビからは、地震のほかに、そこから発生した大津波や火災、そして原発事故の情報が断片的ながら繰り返し流され、とにかく大変なことが起きたということだけがわかり、身震いするような思いを持った。

その翌朝からは職員一丸となり、市内の被害の確認と復旧、被災者の救済や避難所開設とその運営等の災害対応が、年度末の業務のほかに加わってきた。市役所に連泊して災害対応する職員も多く、そうではない職員も早朝に出勤し、帰宅は深夜という日々が続くことになった。やがて、栗原市内には建物や道路の損壊は多くあったが、死者や行方不明者がいないことが分かった。そこで、市内被害の復旧事業と同時に、特に被害の大きかった沿岸部への支援を行なうことになり、支援物資の提供や避難者の受け入れを始めた。

しかし、地震はこれだけにとどまらず四月にも再び東北地方を襲って来た。「またか。」と絶望に似た気持ちを持ったのは私だけではなく、被災地の多くの職員が同じような思いを持ったに違いない。三月一一日に起こった一回目の地震への対応だけでも、被害の比較的少なかった栗原市の職員でさえ、日常業務に加え、復旧事業や避難者の受け入れを含めた支援事業によって、肉体的疲労度はピークに近かったからだ。

## 2 避難所支援の経験から

二〇〇八年の岩手・宮城内陸地震の後にＮＰＯ法人イコールネット仙台との御縁で、被災し避難所生活を体験した女性たちに話を伺う機会があった。

その際に避難所での生活支援について、彼女たちから行政の立場への厳しいご指摘を何点も頂いた。私自身は避難所対応業務がなかったため、驚きとともに伺ったものだ。

「家族ごとの仕切りがない（あるいは低い）」、「更衣室がない」、「子ども専用スペースがない」、「支援物資が平等に行きわたらない」、「避難所支援に当たる行政職員の主任が男性で女性視点に欠けている」等のご意見を頂き、行政として申し訳ない思いに至ったのだが、当時の避難所設営では、それこそ緊急時の対応として職員も慣れない業務として懸命にあたっていた。

当然至らない点は圧倒的に多かったであろうが、専門職として特に保健師たちが最先鋒となり避難所支援の対応を行なってきた。保健師（全員女性）たちも不眠不休で、宿泊勤務は当然。当直の場合は、ほとんど徹夜だったと聞いている。職員も多くは罹災し、家族を家に残し、家の片付けに手をつけることは全くないまま勤務に当たっていた。ニーズに対しての咄嗟の対応や、避難者への充分なケアができなかったことは、当然事実であったと思う。

今回の避難所への対応では、明らかにそのときの経験が一〇〇パーセントではないものの生かされていたのではないかと思うことがある。

栗原市では、震災直後は住民支援にのみ避難所を開設したが、その後南三陸町の被災者支援として避難所を設置した。開設した施設はいずれも浴場のある宿泊施設で、家族ごとに個室、あるいは大人の身長を上回るほどの仕切りのあるブースを設けていた。子どものための遊びのスペース、何機もの洗濯機の設置、支援物資供給のシステム整備、避難している方々の中から出ていただいたリーダーと行政側のミーティングを持つなどの対応は、二年前の痛みを伴っての成果の一つだと思う。

## 3　自治体職員も被災者

東日本大震災による死者、行方不明者、建物の損壊等の数は信じられないほどであり、特に岩手・宮城・福島の三県では、「町がなくなった」と言われるほどの被害が生じた。震災から一年が経過している今でも、復旧復興が順調に進んでいるとは言い難い状況である。

私たち自治体職員は、住民への公的サービスの担い手として、より良い公的サービスの提供を目ざしてこれまでも取り組んできたつもりである。それに加えて、今、復旧復興への最前線の業務が最も大きなものとなっている。自治体によって形は異なるだろうが、職員は被災住民への対応や復興事業の先頭に立ち、奮闘の日々がまだ続いている。

しかし、被災地では、ほとんどの自治体職員が住民であり、同時に被災者であることが忘れられている。自身も被災し、家を流されたり焼失したり、家族を亡くし、あるいは行方が分からなくなっている。そんな状況にあっても昼夜を問わず被災者の対応に当たり、復興事業に取り組んでいる自治体職員が数多くいる。公務サービスの範囲は広い。このような災害への対応は、被災者の救助や確認、倒壊した道路や建物の撤去や整備、家屋の被災状況調査、避難所運営、ガス、水道等の供給、病院事業、衛生問題、子どもや高齢者への支援、放射能対策等と数えてみてもきりがない。職員の仕事も日常的な業務に加え、非日常的な、つまり慣れていない業務に毎日が費やされてきている。

そういった職員は、三月の発災から全力で突っ走り続けている状況の今、当時から比較して、肉体的なものは当然であるが、精神的な疲労は相当大きくなってきている。

## 4　自治労宮城県本部アンケート調査から見えること

自治労宮城県本部が顧問医師に依頼して行なった「東日本大震災に伴う自治体職員緊急健康調査」（二〇一一年五月実施、三六五二名回答）の結果、中程度以上のうつ傾向が一六・四%、軽度のうつ傾向が三〇・四%という状況がわかった。合わせると、四六・八%もの職員に抑うつ傾向が表れていた。なかには長期病欠の職員も増えてきている。

ここでは、男女別のデータはないが、男性に比べた女性の精神的、肉体的な疲弊も予想がつく。女性の「声」として、同じ調査では以下のような記述式の調査もあるので列挙してみる。

### ◆女性の役割と仕事の狭間で重なる心労

＊家族や仕事の環境の変化に伴うストレス等、心身の疲れが出ている。何でも話せるカウンセラーを紹介してほしい。職場には知られたくない。（四〇代）

＊自分よりもっと大変な人がいると思う気持ちがあり、自分のことは後回しになった。ときどき心が折れそうになる。まだまだ顔では笑っていても、本来の自分に戻っていないように思える。仕事と家庭の両立は以前よりできていない。「母は強し」なのだが、今は少し弱くなっている。無理をせずにいきたいと思う。（五〇代）

＊震災後の勤務状況として労働に対する肉体的負担はなかったものの、通行止めなどにより普段の何倍もの時間をかけて通勤したり、ガソリンが手に入らないこともあり、家族が食べていく食糧が手に入らなかった。手に入れる状況が続いたことへの精神的なストレスがとても大きかった。（三〇代）

＊妊娠中なので、いつもの体の状態でないのに、このようなことが起こり不安は大きい。震災直後は病院も開院しておらず情報も入りにくかった。周囲の人々の不安やストレスの矛先になることもあり、そちらの方がストレスだった。妊娠中であることを考えてくれる人と、そうでない人がいて嫌な気持ちになった。（三〇代）

＊看護師として患者を守るという立場にあり、勤務に従事しているが、自分自身恐怖を感じていた。その後四月にも同様（地震のこと・引用者注）のことがあり、家族を置いて出ることに済まなさと不安を感じた。介護を要する両親と高校生と中学生を置いてくることは非常に辛かった。（四〇代）

＊震災後、自分の仕事は前より責任のある仕事だと感じているが、それは〝やりがい〟であると認識していて、それほど仕事自体に負担感がある訳ではない。ただ、家族の状況が変わり、自分が担う家事労働や介護労働が

増えたことで、そちらに対する負担感、疲れを感じ、それが仕事に影響を及ぼしているのではないか、もしくは今後及ぼすのではないかという不安を感じるところである。(二〇代)

## ◆自治体職員としての辛さ

＊災害派遣や、被災地での現地調査(土壌調査)等で、精神・体力面の両方で消耗していると感じた。四月から数回体調を崩しているが、無理をして職場に出ている。津波被害の土壌の分析をしているが、衛生面で心配している。(二〇代)

＊通勤だけで六時間(往復)かかっており、へとへとになり体力が持たない。仕事柄、現地確認、立会、苦情受付等の合間に被災関係の確認業務があり忙しい。(四〇代)

＊災害現場に赴いたり、時間外勤務をしている職員は目に見えて大変だと感じてもらえるが、そうではない職場もある。定時の中で来客数が激増し、昼の休憩も取らずに対応に追われてヘトヘトになる。昼食を来客に見られながら慌ててかきこんでいる。(三〇代)

＊遺体関係の仕事をしていて、かなりプレッシャーもあった。どこにももっていきようがない気持があった。(三〇代)

＊震災後は疲れによるイライラ、不安が増えたと思うが、公務員としてしっかり働かなければならないと感じている。(三〇代)

## ◆自分も被災者なのに

＊自分自身も被災者なのに、辛い業務をすることが耐えがたい。水没した自家用車に対する救済措置もないに等しい。新しい車を買う必要があり、金銭的にとても厳しい生活を強いられると思う。（二〇代）

＊自宅流出、夫死亡の手続等で疲れている。（五〇代）

＊被災者であり、家に戻れないということからくる不安定さを感じている。また、周囲の言葉に被災者への配慮がないことを感じ、周囲との関係をシャットダウンしたくなる。「被災者に寄り添う」という言葉だけの目標等に虚しさや、その人の本質が見えてくることに辛さを感じる。また、まだ泣くことができない。仕事があるから頑張れている分、被災した自宅の復興のための労働と、仕事との両立で心身ともに疲れてきていることは自己理解している。が、吐き出せない。周囲には気付かれないよう元気に過ごしてしまっている。（年齢不詳）

＊災害対応業務でなくても、日常業務自体がとても忙しい状態。平日も遅くまで残業。職場では病休者も複数人出ている。自分自身も被災者だが、私的な片付け等生活を立て直すための作業に手がつけられないまま。（四〇代）

## ◆「申し訳ない」気持ちが

＊被災直後から四月中旬まで自分自身が避難所で過ごした後、がれきに囲まれた自宅からの通勤手段がなく職免扱いになった。その間、職場で避難所対応している同僚に申し訳なく思い続け、職免明けからは被災者の皆さんのために役立てるよう頑張る気持ちでいっぱいだった。しかし避難所では、ルールを守れない避難者もいて避難所内の雰囲気も悪くなり、トラブルが生じるようになった。職員も皆、精神的にも辛いようで、終わりが示されないままの今の状況に疲れが目立ってきている。（四〇代）

＊現在はライフラインも回復して震災前の生活にも戻れていることで余り不自由さは感じない。しかしその反面、まだ被災し避難している方、生活が不自由な方がそばにいるのに普通に生活して居ることに罪悪感を感じて気分が落ち込むことがある。（四〇代）
＊こんなに近くにいて、力になれない自分に対してのもどかしさ、被災した方への申し訳なさ、『このままではいけない』という強迫観念に近いものは常に感じている。（三〇代）

◆一人暮らしのなかで

＊震災直後からそのまま勤務が続いて、ただでさえ食べ物等不足して手に入らないところに来て、全く並んで買うこともできなかった。日中は仕事で忙しく、仕事が終わればどこも開いていない。同居の家族がいないため、はじめのうちは食料が尽きて何日も空腹で過ごした。（五〇代）
＊震災後一週間ほどは精神的にも落ち着かず、めまいや倦怠感があったが、現在そのような自覚症状はない。独身で一人暮らしをしているため、また大きな震災が来たとき、遠方の家族や食糧などの生活について不安がある。また、原発による健康問題については常に不安。（二〇代）

◆その他

＊実家が被災したので、心が落ち込む日々が続いている。自分の問題として安定していない。（四〇代）
＊災害復旧財政のため、給与が削減されることが非常に不安である。子どもの教育費、ローン返済等にまだまだ出費がある。（四〇代）

＊ぜんそく、高血圧と診断されて薬をもらった。（四〇代）
＊災害ボランティアに行きたくても、勤務上行かせられないと上司から言われた。今はボランティアも大切だと思う。県民として職員として、支援していける活動時間がとれるようにしてほしい。（三〇代）

男性も仕事のうえでも大変さは同様だと思うが、記述にみられるように、女性は家族のケアについても重く感じており、仕事を優先して家事をおろそかにすることを申し訳ないという思いで語っている。また妊娠中であっても、公務を優先しなければならないという辛さは女性ならではのものである。

実際に、家事を放ってまで女が仕事に行くのかと、家族に咎められながら出勤してきたという女性職員は少なくなく、勤務が終わるとすぐに家事や育児をこなすために慌てて帰途につく女性職員がほとんどだった。

また、当番制の宿直要員として女性職員が外された部署もあった。女性は家庭があるから宿泊させられない、というのがその部署の長の「思いやりのある配慮」だったようだ。確かに特設の宿泊設備はなく、事務所内に持ち込みのカーペットや毛布を敷いての雑魚寝状態は誰にとっても過酷な環境ではあるが、泊まらせせない理由がその環境のためではなく、「家事の担い手」であることが、男女共同参画を推進する行政の現状であることは不思議なものである。

さらに、職員による炊き出しは全員女性が担当となっていた。私自身も「炊き出し隊」の一員だったが、ここでも「女性と食事作り」は切り離せないという妙な現状を改めて目の当たりにすることができた。

## 5　自治体職員バッシングのただ中で

「自治体職員だから復旧復興の仕事をするのが当たり前。」

「我々が払った税金で給料をもらって生活しているのに、なぜ充分なサービスを提供できないのか?」

このような話を直接、間接的に聞くことが多かった。もともと地域社会の中には自治体職員バッシングの風潮が蔓延しているうえに、さらに向かい風が強くなってきたように感じる。

自宅は流失し、流木にすがって命からがら救われたその数日後には、避難所の勤務に当たった職員もいる。避難所では「国の対応が悪い！」と責め立てられ、土下座して住民に謝ったという職員は「何故自分がここまでしなくてはならないのかと思い、悔しくて涙が出てきた。しかし自分さえ我慢して、住民の怒りの矛先になれば、それでいい。」と語っていた。

現在は、震災直後の状況とは変わってきている。避難所は閉鎖され、仮設住宅に移った被災者も多い。もちろん仮設住宅に住民が移っても、支援は必要だ。念入りな支援を行なってきたつもりが一人暮らしのお年寄りが仮設住宅の中で「孤独死」をしてしまったことがあった。その自治体の女性職員は「自分のせいだ」と自責の念から立ち直れていない。

多くの自治体職員は責任と誇りを持って職務にあたってきている。実際、職員自身も地域や住民のために尽力することが当然であると認識している。

しかし、「最期まで住民の生命を守るために避難を促し、自ら命を落としてしまった職員」や「家族を失いながらも懸命に笑顔で住民の支援にあたる職員」等の「美談」がメディアで報じられたとき、私は言いようのない怖さを感じた。自治体職員は身を呈してまで働くことが「使命」なのだろうか。社会も、そして我々職員自身もその報道を肯定していいのだろうか。命を賭してまで働くことを決して「美談」としてはいけないと強く思っている。

道路や橋梁等をはじめとしたインフラの整備はまだまだ継続中であるし、放射能対策もこれからどこまでどのような方向で収束へと向かわせるのか見当がつかない。施設や道路橋梁等担当の職員は、放射能の除染作業や放射線物質の処理に苦慮している。担当者であれば、男女かかわらず現場に行くことは当然であり、放射線量の高い場所へ結婚後間もない妊娠を考えている女性が行くこともありうる。

## 6　自治体現場の男女共同参画推進に向けて

現在でも多くの自治体職員は長く果てしない業務に、それでも前向きに奮闘している。

「自治体職員だから復旧復興の仕事をするのが当たり前だ。誰もが安心安全に住むことのできるふるさとを再生したい。」

これは、住民だけではなく、我々自治体職員自身も常に肝に銘じている思いだ。復興は長丁場。その先頭に立っている自治体労働者が倒れてしまってはどうにもならない。自らもケアしながら、復旧復興に向けて継続して努力していくが、この状況の発信も必要であると感じている。

しかし、山積し多岐にわたる業務を抱えながら、自らケアすることや、職場の仲間を思いやることは非常に困難な状況に近いように思われる。どうしても業務を優先し、家族は二の次。忍耐強さを「美徳」とされる自治体職員、特に女性の自治体職員が自らを省みるのはその次だ。

業務の膨大さから増加する時間外勤務も、恒常的に行なってはいるものの、それに見合う時間外勤務手当を全額支払っているという自治体は皆無だと断言してもいい。実際の勤務時間と支給される手当の乖離は甚だしいのが現実である。

あわせて、給与が毎年連続して削減され、合理化という名のもとに人員が削減され、一人あたりの業務は増え続けている。悲鳴を上げても、それらは社会に届くことは少なく、報われることなく通常業務と復旧復興の業務に追われている。

一方、このような状況でも多くの自治体では「人事評価制度」が導入され、上司が部下の点数をつけていく。普段から補助的な業務につくことが多く、産休育休を取る女性職員が、ことに不利益を被ることは明らかである。職員が疲弊した状態での職場内の人間関係は、評価されることによっても大きく乱れていくことは予想に難くない。

しかし、自治体職員が明らかに声を発することは、現状では大変難しい。「できません」と白旗を上げたり、「難しいです」と簡単に弱音を吐くことは禁じられている。住民のニーズにはきちんと対応することが自治体職員の大命題であるからだ。

市民協働という理念が動き出してから時間が経過してはいるが、多くの地域ではまだまだ実効性が低いのではないだろうか。災害においてはまさに自助、共助、公助の順に対応がなされるべきだと思う。あわせて市民協働が社会の基点となることが、災害のみならず、すべてにおいて当てはまってくる。

そして私たちも、自治体職員である以前に、住民であることを再認識しながら、新たな見地で住民との連携を構築し、「お役所目線」から離れてみることも必要だと感じている。多角的な視線をもって業務に当たることは、自治体職員にとって、現在最も求められている条件の一つだ。

さらに改めて訴えたいのは、自分も被災しながら自治体職員であるため住民の支援に回り、同時に家庭生活を担う責任を負っている女性の自治体職員の疲弊だ。「ワーク・ライフ・バランス」は男性だけではなく、仕事を持つ女性にも大切なことだ。今、被災自治体の女性職員は、家庭と仕事の両立に苦慮している。しかし、その思いは自らに内包していることが多いのではないだろうか。このような女性職員の思いは多くの仲間との共通点なのではないだろうか。この思いをつなげるために声を出し合っていくことが大切なのだろうと、私も女性職員の一人として実感している。また、このような過酷な時期だからこそ、他自治体職員との間で、特に女性職員どうしの間でネットワークを築き、心身の悩みや苦しみを、そして喜びを分かち合うことから、新しい男女共生、男女共同参画の担い手としての役割を果たすことができるのではないかと考えている。

社会に根強く残る性別役割分担意識と職責の間で苦悩している仲間どうしの声をお互いに聞き、共有して、様々な場面で発信していくことが、自治体職員としての男女共同参画社会推進への責務の一つであると考えている。

［終 章］

# 被災者支援と男女共同参画
## ——噴出した多面的な問題

# 被災者支援と男女共同参画——噴出した多面的な問題

浅野富美枝（宮城学院女子大学教員）

## 1　「女性の視点」の先に見えてきたこと——被災女性のニーズとは

本書に登場する女性たちは、震災直後から一貫して「女性の視点」から、被災女性を支援しつづけてきた。支援するなかで知り得た被災女性たちのニーズは、大きく三つの特徴をもっていた。

### ◆女性のニーズは生活者のニーズ

第一の特徴は、女性のニーズは生活者のニーズだということである。避難所空間に関して女性たちは、間仕切り、トイレ、入浴施設、洗濯物干し場、更衣室、寝食スペースの分離、おしゃべり空間、子どものための空間、カーテン・網戸の設置、室温管理など、多種多様なニーズをもっていた。

間仕切りを求める背景には、授乳やおむつ替えを他人の目にさらしたくないという乳幼児を抱える若い母親や、隣で見知らぬ異性が寝ていると落ち着いて睡眠がとれないと訴える女性たちがいたし、安心して利用できる入浴施設やトイレ、その周辺の照明を求める背景には、心身の健康と安全・生活の場の治安を願う女性たちがいた。また、男女別の洗濯物干し場を求める背景には、下着を他人の目にさらすのは自分のプライバシーをさらけ出しているようで干せない、干していた下着がなくなるという女性がいたし、更衣室を求める背景には、入浴時や布団のなかでしか着替えができない女性たちがいた。

今回の震災の被災地には、都市部とは異なった人間関係の密な地域が多かったことから、プライベート空間のあり方については地域の特殊性を考慮すべきだという論議が一部に見られた。しかし、震災前の地域の旧来の「密な人間関係」は、地域の女性にとって必ずしも居心地のいいものではなかった。逆に、その旧来の「密な人間関係」のなかで苦しい思いをしていた女性たちが少なからずいた。そのことを考えるならば、避難所生活でのプライバシーの確保は、旧来の「密な人間関係」のある地域であればなおさら必要となる。プライバシーが尊重され、かつ気持ちのよい「密な人間関係」をもてる新しいコミュニティのあり方は、避難所だけでなく、あらたな地域のあり方として重要な課題である。

ひとりひとりの多様なライフスタイルとプライバシーを尊重してほしい／尊重したいと望むのは女性だけではない。地方に生まれ育った今日の若者は、幼い頃から子ども部屋のある生活に慣れていて、都市部の若者と同様のプライバシー感覚をもっている。このため、プライバシーのない避難所に耐えきれず、車中で生活していた若者もいた。都市部に限らず、プライバシー、プライベート空間は現代社会に生きる人々の心身の健康と尊厳の確保に欠かせないものとなっているのである。

避難所空間に限らず、健康で安全・安心な衣食住全般の生活へのニーズも、女性のみならず生活者の切実な声である。生活に関する女性のニーズは生活者としてのニーズを代弁したものと言えよう。

### ◆女性のニーズはケアを必要とする人たちのニーズ

第二の特徴は、女性のニーズのなかにはケアを必要とする人たちのニーズが含まれているということである。支援物資に関する女性のニーズには、衣食住など生活に必要なありとあらゆるものが含まれている。そのなかには、生理用品や化粧品、女性用下着といった女性自身が使用する生活必需品だけでなく、紙おむつ、粉ミルク、離乳食、アレルギー対応食品、おもちゃ、絵本、介護用品などが多数含まれている。

これらは厳密にいうと女性自身が使用するものではなく、女性たちが日常的にケアにたずさわっている乳幼児や高齢の要介護者などが必要とするものである。にもかかわらずこれらが女性のニーズとして語られる背景には、これまで女性がもっぱら育児や介護の担い手とされてきたこと、ケアを必要とする「生活弱者」とケアを担う女性が一体のものとしてとらえられてきたこと、その結果、ケアを担う女性の固有の存在が見えなくされていたこと、ケアを必要とする「生活弱者」が自身のニーズを主張できない状況下で、ケアを必要とする「生活弱者」に寄り添う女性が「生活弱者」のニーズを代弁してきたという現実がある。

見られるように、生活者や「生活弱者」のニーズが「女性のニーズ」として語られる背景には、根深いジェンダーの問題がある。しかしここには同時に、女性の生き方のなかに、生活者や他者である「生活弱者」のニーズをみずからのニーズとしてとらえることのできるあり方が体現されていることが表れている。災害時の女性のニーズは、生活者や「生活弱者」と有機的なつながりをもつことの重要性、災害時における生活やケアのもつ意味とその重要性を示していると言えよう。

### ◆女性のニーズは生きる力を回復するためのニーズ

第三の特徴は、女性たちのニーズのなかには、生活の質（ＱＯＬ）を求めるものが含まれていたということである。

どの避難所でも女性たちから、「肌荒れ・唇荒れでマスクがはずせない」、「お金があっても自分のものを買うのは後回しにしてしまう」、「職探しや買い物に行くのにせめて口紅だけでもほしい」、「身体にフィットした下着がほしい」などの声が多数聞かれた。そしてその声に応える形で、避難女性のひとりひとりに対して個別のニーズ調査が実施され、ニーズにもとづいてサイズ別に下着が発注され、化粧品企業と連携して化粧品の提供とハンドマッサージ、フェイスマッサージサービスなどを行なう「デリバリーケア」が実現した。このようなサービスを受けた女性たちは、久しぶりに口紅を手にして、輝くような笑顔を見せ、それに伴って暗い雰囲気だった避難所が明るくなったそうだ。

近年、各地の高齢者向け施設や医療機関などで、メイクによって入所者や患者の元気を取り戻そうという試みが見られる。また、顔にあざのある人への特別のメイク、乳がんの手術を受けた女性への補正具、男性やがん治療後の人々のかつらへのニーズなど、生活のＱＯＬの向上が生きることへの意欲につながる重要なきっかけとなることも指摘されている。

被災直後、見慣れた風景、日常生活のなかで慣れ親しんできたもの／ことが一瞬にして消え去り、あたかも異界に迷い込んだような錯覚にとらわれた被災者は多い。私自身、震災直後の雪が降りしきる街なかを黙々と歩く人々の群れの一人になって二時間かけて自宅まで歩き続けていたとき、静まり返った人気のない真昼間の仙台駅に立ち入ったとき、がれきの山に覆われた静かな沿岸を目にしたとき、ここはどこ？　いったい私はどこに紛れ込んでしまったのかと、言い知れぬ不安感に襲われた。

そのようなとき、日頃見慣れていたものや風景にであうことは、失われた日常の世界につながる糸口を見いだしたように感じられて、ほっとした気持ちにさせられた。避難所で手に入れた一本の口紅は、たとえば芥川龍之介のひとすじの「蜘蛛の糸」のように、現実の世界へと帰還できる手がかりとなって、被災女性に生きる力をよみがえらせたのではないか。被災地の復興の主体は被災地の市民と自治体である。そうであるとすれば、避難所生活におけるＱＯＬの向上は、ぜいたくどころか、復旧・復興のための重要な要素である。

これらのことから明らかなように、女性たちのニーズとは、女性たちの心の底からのニーズであると同時に、生活者、生活弱者、生きる力を回復するために必要な普遍的なニーズである。この普遍的なニーズを、女性たちは〈女性たちのニーズ〉として求め、本書に登場した女性たちは、そのような女性たちを〈女性支援〉として支援したのであった。

## 2　もう一つの女性支援――声をあげることとニーズを実現するしくみづくり

本書に登場する女性たちは、被災女性のニーズにきめ細やかに応えたと同時に、もう一つ重要な支援を行なった。それは、女性たち自身が声をあげることへの支援と女性たちのニーズを実現するためのしくみづくりへの支援である。

### ◆必要なもの／ことを必要な人へ

避難所の女性たちは、当初から自身のニーズを声にできたわけではなかった。多くの女性たちは、避難所生活という非常時には、自分たちが求めていることはがまんすべきことだと思いこんでいた。避難所のリーダーの多くは男性で、旧来の地域の自治会のシステムが復活しているところでは、女性が何かを発言すると、「和を乱すな」、「みんな我慢をしているのに、贅沢なことを言うな」と言われ、自由にものが言えない雰囲気がみられた。そのような避難所では、陰で不満が絶えなかったり、人間関係でのトラブルが発生しやすく、概して暗い雰囲気が漂っていた。

他方、避難所のなかには女性リーダーがいて、毎朝要望をとりまとめ、それを行政に伝えて要望が取りあげられ、避難所生活の改善に努めているところもあって、そのようなところではスムーズな管理運営がなされ、概して明るい雰囲気がみられた。

もちろん、女性が声をあげたからといってニーズがたやすく実現されたわけではない。

ある避難所では、間仕切りを作ってほしいという声に、避難所を管理運営する男性から「治安上問題がある」、「避難所の一体感が損なわれる」などの理由で反対する声があったが、避難所内外の女性たちが粘り強く要求することで間仕切りの使用が実現した。

また、二〇〇人に一台の洗濯機では間に合わないし、洗濯物を干す場所もないという声をキャッチした支援女性たちはただちに洗濯ボランティアをたちあげた。支援物資として受け取ったズボンを裾上げするのにソーイングセットがほしいという声には、ソーイングセットが集められ、避難所に届けられた。

被災女性とつながった支援女性たちは、必要な人に必要なものを必要な時期に届けるために、まずはニーズ調査を行ない、あらゆるつてをたどって物資の提供先を探し出し、提供先と交渉し、提供された物資を保管する倉庫を手配し、ニーズごとに仕分けしてひとりひとりに届けるという「流通システム」をつくりあげた。

「男女共同参画の視点」で支援するとは、ひとりひとりの多様性に寄り添うことを基本とする。そのためには、率直にものが言える関係づくり、ニーズ調査、企画・計画から実施にいたる一連のプロセスが重要で、このどこか一つが欠けてもニーズの実現は難しい。今回の被災者支援のなかで成果を上げた支援はこれが一定程度成功したケースであったが、どこかがネックとなって実現に至らず立ち消えになったケースも多かった。

震災後半年ほど経過すると、おしゃべりサロンの延長として、仮設住宅で暮らす女性たちの孤立を防ぎ、交流を深めることを目的に、小物を作る動きがあちこちでうまれた。女性たちはこうして作った小物や被災地の水産加工品などを販売する販路を探している。この販路づくりも重要な支援活動である。

「男女共同参画の視点」で支援する女性たちは、被災女性がホンネを語るきっかけをつくり、そこで語られたニーズを実現する手立てを考え、周囲の女性たちや団体、企業に呼びかけて、ニーズをひとつひとつ実現していった。「男女共同参画の視点」で支援するとは、単純に物資を提供することではなく、被災者がみずから声をあげ、人とつながり、生きる力を回復する支援だった。

このような支援を通してわかったことは、「男女共同参画の視点」での支援を確実に実現するには、ニーズを実現するための手立てを考える企画力、その企画を実践する行動力、行動した結果をチェックし軌道修正する力、要するにＰＤＣＡ（プラン・ドゥ・チェック・アクション）の力が必要だということである。行動力のなかには、多様なネットワークを形成する力も含まれる。

これらの総合的な力は平常時の取り組みのなかで培われる。全国の男女共同参画センターなどでは、さまざまなイベントを企画・実践する実践講座や、会議の仕方、交渉の仕方、率直に自分を表現するためのアサーション講座、リーダー養成講座など、実践的なスキルをエンパワメントするものが多数開催されている。こうした取り組みは防災・災害復興時に大きな力を発揮すると確信する。

## ◆必要な情報を必要な人／ところへ

必要な人／ところに必要なもの／ことを必要な時に必要な形で届けることの必要性は、支援物資にかぎらない。今回の震災では、阪神・淡路大震災の際に性被害が多発したことを受けて、性犯罪被害者のための緊急避妊用ピルが被災地に提供されたが、ほとんど利用されなかったと聞く。それは、この情報が必要な人に届いていなかったこと、また被害者が被害にあったことを言い出せない状況があったからではないかと推測される。性犯罪の被害者に対して実効性ある支援をするには、支援が必要な人にわかりやすい形で情報が伝わる工夫をすること、利用しやすいルートを整備することとあわせ、何よりも被害者自身が声をあげることができるように、日頃からのエンパワメント支援が必要である。

震災後、被災地から遠く離れた地域に暮らす人々からも支援をしたいという声が多数聞かれた。被災地で支援に取り組む女性たちは何らかの形で情報を発信し、それに応える形で全国から支援が届けられた。支援を求める人と支援をしたい人とが出会える拠点施設として、被災地では従来の男女共同参画センターが大きな役割を果たしたが、今後は全国の男女共同参画センターをつなぐ機能をもったセンターやインターネット上の「拠点施設」などの整備も必要である。

国は震災後、男女共同参画の視点での被災者支援や復興に関する通達を出したが、被災地の自治体のなかにはその通達が届いていないところもあったと聞く。被災地の自治体ではメールで流される情報を受信するシステムが破壊されていたり、被災対応に追われて混乱しているなかで担当部署に通達が届かなかったことも考えられる。岩手県が県職員を対象に実施したアンケート調査では、約六〇％が地震発生直後震災に関する必要な情報が入手できなかったと回答した（「日本経済新聞」二〇一一年一一月一三日夕刊）。出された情報が被災地自治体に届いたのか、またそれにどう対応したのかについて検証する必要がある。あわせて、その情報を必要としている自治体の必要な部署に確実に情報が届き、適切な対応がなされるようなシステムについても検討が必要であろう。

## 3　被災地自治体職員とワーク・ライフ・バランス

### ◆極限状況のなかの被災地自治体職員

被災者支援の中核になったのは言うまでもなく自治体職員である。そしてその自治体職員も被災者である。被災地のひとりの自治体職員は、三月議会の対応の合間に大地震・津波に襲われ、正確な情報もないまま救援活動に追われ、二か月後に帰宅したときには家の中にキノコが生えていて茫然としたと語っていた。

震災後、被災地の自治体は、震災発生直後の救助・救援活動に始まり、避難所の設置とその管理運営、被災者の生活支援、雇用の確保、ライフラインや交通網・道路橋梁・公共施設などのインフラの復旧、がれきの撤去やボランティアの受け入れ態勢の整備、情報の収集と提供、さらには、死亡届け、住民の移動、被災証明書の発行などなど、膨大な災害対策業務に追われた。自治体職員はみずからが被災者でありながら、日常業務にあわせてこれらの業務にあたった。女性職員の実情については伊藤利花さんの報告に詳しいが、ここでは男性職員の実態もあわせて考えてみよう。

伊藤さんが紹介している二〇一一年五月に実施された自治労宮城県本部の調査（「東日本大震災に伴う自治体職員緊急健康調査」）によると、被災直後、多くの職員が過重労働状況にあった。しかも、被災対応に追われる職場の労働環境は劣悪で、「夜間勤務でも休憩施設がなく、自分の机で仮眠を取らざるを得ず休めない」、「仕事が不規則で昼食をとるひまもない」状況だった。

こうしたなかでの過重労働が職員の心身に与えた影響は深刻で、持病の悪化、肺炎、咽頭炎、ぜんそくなどの身体上の問題のほか、夜中に目が覚める、口の中が渇き、息苦しくなる、顔面けいれん、激しい体重の増減、食欲不振／異常食欲、娯楽に興味がなくなったといったメンタルな問題に関する訴えが数多くみられた。また自由記述欄には、「人と接したくない、一人になりたい」、「眠れない、何もしたくない」、「今頃になって震災の夢をよく見る」など、叫びにも似た記述も見られた。この調査結果に対して医療の専門家は、医師、保健師、カウンセラーなどへの受診が必要なほどの抑うつ傾向はほぼ六人に一人の割合でみられたというコメントを寄せている。

被災半年後の二〇一一年一〇―一一月に実施された宮城県の職員健康調査でも六七・二％の職員が何らかのストレスを感じており、とくに石巻では八〇・一％、気仙沼では七三・八％という結果が報告されている（「河北新報」二〇一二年一月五日）。被災直後の災害緊急対応時だけでなく、その後の長期にわたる被災対応のなかで、自治体職員が深刻な心身のストレスを負っていることがわかる。

## ◆自治体職員ならではの悩み

こうしたメンタルな問題が生じる背景には、過重労働にあわせ、自治体職員ならではの事情がある。被災の大きかった市町村に業務支援に派遣された県職員は、先の調査の自由記述欄に「明確な判断基準も示されず、また指示が二転三転することもあって、市民から直接苦情がくることもあり、うそつき呼ばわりされた職員もいる。説明する側も納得できないままに市民と対応するのは精神的にかなりきつい」と記載していた。このほかにも、「職員も被災者なのに、救援物資を堂々と受け取れない」、「自分も被災者なのに職員として被災市民への対応に追われており、毎日が不安だ」、「避難所で被災者に怒鳴られ、避難所に行きたくなくなった。被災者への思いも複雑になり、苦しい」等の声が多数寄せられていた。

アンケートには、「職員の震災対応はボランティアだと市長に言われたが、そうだろうか」、「殉職した職員を美談として取りあげて宣伝しているが、おかしいのではないか。公務員はいざとなったら死ななければならないのかと不安になる」という記載もあった。

南三陸町の防災庁舎から、防災無線で町民に避難を呼びかけ続けて津波の犠牲になった自治体職員のことが、埼玉県の公立学校で二〇一二年四月から使われる道徳の教材に掲載されることになった。その報道を見て、私の知人の夫が一言、「小野《おの》訓導《くんどう》（訓導とは先生のこと）だな」とつぶやいたそうだ。「小野訓導」とは、宮城県の現蔵王町の小学校の教師だった二一歳の小野さつきさんのことで、彼女は一九二二年、白石川河畔で写生の指導中に川で三人の生徒がおぼれ、飛び込んで二人を助けたが、もう一人の生徒とともに溺死した。この話は「小野訓導の歌」として残っており、記念碑が建てられている。

先の自治体職員の話も小野さつきさんの話も生命をかけて任務を全うした「美談」には違いないが、家族や隣人を助けようとして生命を落とした無数の「小野さつきさん」がいたこと、また行政としてはいかに犠牲者を出さずにすむかを考えることが本来の任務であることを考えるならば、逆にこのような犠牲者をださないための危機管理のあり方こそが強調されなければならない。

自治体職員も基本的人権を憲法で保障された生活者であり、勤労者である。しかし世間には、公務員は自身の家庭よりも災害対策を優先させて当然だという「滅私奉公」の風潮、これが高じて、公務員は税金で生活をしている「公僕」であり、いざというときには生命を捨てても市民のために働くものだという風潮がある。また、公務員には何を言ってもよいという雰囲気も一部に見られる。こうして自治体職員は、一人の生活者であり、労働者であることが忘れられ、被災時には、生活者や労働者としての権利と尊厳が公然と否定される状況におかれ、過重労働を余儀なくされた。

ある宮城県議会議員が、名取市の職員の超過勤務手当要求について発言したことが新聞に報道されたとき、市民からこんな時に超過勤務手当を要求するのはおかしいと批判の投書があったそうだ。このような投書がだされる背景には、超過勤務手当どころか、仕事さえ失い、仕事があったとしても、サービス残業が日常化され、労働者の権利が根底から崩壊しているという民間労働者の状況がある。

しかし、自治体職員の超過勤務手当をなくしたところで、民間の労働者の状況が改善されるわけではない。むしろ逆に、自治体職員の超過勤務手当をなくすことで、働く人すべてから超過勤務手当が失われる可能性もある。劣悪な状態での「平等」ではなく、より高いレベルでの「平等」、その意味での官民連携が求められるべきであろう。

### ◆自治体職員にも生活がある

自治体職員は、被災の度合いは一般市民とまったく同様であるにもかかわらず、自身の家庭よりも災害対策という業務を優先せざるをえない状況におかれている。「震災で自宅が大きな被害を受けたが職務で自分の家の対応がまったくできない。妻からは『なぜ家族よりも公務なのか』と言われトラブルとなり、いまは口をきいてもらえない」、「家は流失、三人の子どもの学校の転校、夫の転職、各種手続き、それに仕事で一日二、三時間しか眠れない状況が二カ月以上続いている」、「複数の親戚が家を失い、我が家で同居している。心身ともに落ち着かず、いつもイライラしている。子どもにもあたってしまう」などの自由記述欄の記載をみると、過重労働に加え、家庭責任を果たすことができない苦痛が職員の心身に深刻な問題をもたらしていることがうかがえる。

シングルの場合でも「自宅が被災し、避難所生活をしている。しかし仕事は被災支援で忙しく、自分のことは何もできない」、「被災したため、アパートを出なければならないが、新しいアパートを探す時間もない」、「震災直後からそのまま勤務が続き、一人暮らしなので、買い物したくても並ぶこともできない。給水も支援物資も並ばなければ入手できないが、働いていると並べない」というように、過重労働のなかで生活を立て直すことができないまま業務に携わっている様子がうかがえる。

### ◆雇用の創出と仕事のシェアでワーク・ライフ・バランスを

自治体職員の働きなしに自治体の復旧・復興はない。であればこそ、自治体職員の心身の健康を確保することは重要である。そのためには、男女共同参画施策の重点課題であるワーク・ライフ・バランスの確保が重要である。ワーク・ライフ・バランスは、女性にとってのみ必要なのではないし、平常時においてのみ必要なのではない。またそれは、家庭生活を維持するためにのみ必要なのでもない。仕事に携わるすべての人々の生命と生活者の視点をもった仕事の質を確保するためにこそ必要である。一九九一年の長崎県・雲仙・普賢岳噴火の際、島原市職員労働組合は「災害で過労死をださない」をスローガンにしたという。災害時だからこそ、また被災対応の中核である自治体職員だからこそ、労働災害や人権侵害があってはならない。

ではどのようにして、被災地自治体職員のワーク・ライフ・バランスを確保するか。

それは多くの人々の力で仕事をシェアすることである。被災地の自治体は多かれ少なかれ人的・物的被害と役所機能を失い、膨大に膨れ上がった仕事を前に深刻な局面に立たされた。このような市町村自治体に対して、県や他県からの職員の派遣、退職した元職員の一時雇用などの対応がとられた。また、自治労ではボランティア派遣活動に取り組み、四月一一日からの三か月間で延べ二万人が現地支援活動（「人的支援」組合員の応援派遣）に入ったという（「自治労」二〇一一年七月一一・二一日号、鎌田慧「生ぎろ東北―地域再建の先頭を走る自治体職員」『自治労通信』二〇一一年七月八日）。

しかし、被災地の状況はそれらの対応をはるかに超えるものであり、結果として圧倒的な仕事量のほとんどは「生き残った」職員の肩にかかることになった。震災後九か月後の一二月、宮城県知事は、被災一五市町で一二六二人の自治体職員が不足していると訴え、国の支援を要望した（「河北新報」二〇一一年一二月八日）。また、二〇一二年度に岩手・宮城・福島の三県と四七市町村が他の自治体から一二〇〇人の応援職員の長期派遣を受ける計画だという（「河北新報」二〇一二年三月一八日）。

自治体職員の過重労働を解消するには、言うまでもなく正規の職員の雇用の増大が原則である。この間、国のいわゆる「新自由主義」的な改革、「地方構造改革」のなかで地方自治体の職員数は減らされ続けてきた(市民一〇〇〇人当たりの地方自治体職員数は、たとえばドイツは三八・七人、フランスは三八・六人であるのに対し、日本は二二・七人)が、これを「改革」以前にもどすことも必要である。そのうえで、国も含め他自治体からの職員の派遣、臨時職員や定年退職した職員の活用などあらゆる形で職員を確保し、仕事をシェアすることも短期的な方策としては必要であろう。

自治体の業務に限らず、被災地では建築・土木分野を中心に復旧・復興の仕事が増えているが、非常事態のなかの臨時の雇用ということで、劣悪な労働条件による雇用が増大し、これが震災による貧困の固定化・拡大の要因になっている。震災による新たな貧困と格差をうまない形の雇用の創出が何よりも重要である。

また、自治体職員の過重労働を解消する手立てとしての市民協働も追求されなければならない。あらゆる力の結集なしに災害からの復興はない。被災対応業務のなかには一般市民にできることもたくさんある。被災市民にその力があることはこの間の被災地の取り組みからも実証済みである。とりわけ今回の災害で被災女性は被災直後から被災者の目線できめこまやかな支援を行ない、大きな力を発揮した。問題だったのは、この力が正当に評価されていないことと、意思決定の段階から女性が参画できる環境が不十分だったということである。市民と自治体が対等の立場に立った協働には、意思決定過程からの市民参画、男女共同参画が不可欠だということを忘れてはならない。

## 4　男女共同参画で災害復興を――おわりに

### ◆噴出した諸問題

災害時・非常時には、平常時には見えにくかった問題が可視化されると同時に、格差や貧困など災害発生以前からあった問題がより拡大される。

今回の震災でも、被災者を救済する目的でつくられたはずの制度によって生じた男女間格差や女性への不利益の拡大、復旧・復興場面で発揮された女性の力の軽視、雇用や意思決定過程における女性の排除などは言うまでもなく、性暴力やＤＶなど女性に対する暴力の増大、シングルやひとり親家族、外国籍女性の貧困や生活上の困難など、多くの男女共同参画分野での問題が噴出している。

性暴力問題などに取り組む被害者や支援者・看護師らでつくる「災害時の性暴力・ＤＶ防止ネットワーク」は、震災から半年間に、地震による停電中に部屋へ侵入してきた男に女性が襲われた事件、中学校に寝泊まりしていた女性ボランティアが襲われた事件、強制わいせつ、ＤＶなど、被災三県で少なくとも一四件の暴力被害が発生したと報告している。このうち一件のＤＶ事件は、宮城県石巻市の仮設住宅で起きたもので、男が酒に酔って内縁の妻の顔を殴り、両手両足を縛って頭に布団をかぶせて死亡させたものである（「毎日新聞」二〇一二年三月一日東京版朝刊）。被災地では、震災前から深刻だった性犯罪、ＤＶ、虐待がより深刻さを増すのではないかと懸念されている（「河北新報」二〇一二年二月四日）。

被災外国籍女性の生活も困難を極めている。今回の震災で災害救助法が適用された地域に暮らす外国籍の人は七万五千人と言われている。外国籍女性の多くは朝鮮、韓国、中国、フィリピン国籍を中心に、国際結婚で移住してきた女性たちか、仕事を求めて日本に来た女性たちである。彼女たちの多くはコミュニティを形成することなく、地域社会の中で孤立して生活してきた。被災後、職を失ったり、頼りにしていた夫を失ったうえ、日本語が読めないことから、災害時の重要な情報を入手できず、日本人の被災者以上に深刻な状況にある。被災後、彼女たちはみずからネットワークやコミュニティをつくり、相互に支援し合う取り組みを始めている。宮城県は二〇〇七年、「多文化共生社会の形成の推進に関する条例」を制定したが、彼女たちに対する支援の実情は、このような条例をもつ自治体にふさわしいとは言いがたい。

### ◆固定的性別役割で「非常時」を乗り切ってきた戦後日本

被災後噴出した男女共同参画にかかわる諸問題を克服することは、災害からの復旧・復興の課題そのものである。

しかし被災地では、被災直後、避難所生活や被災者支援の場で、「男が力仕事をし、女はその男たちを支え、食事を整え、生活全般にわたってこまごまとした配慮をする」、「男が意思決定をし、女はそれに従って動く」という性別役割が、「非常時なのだから得意分野で力を発揮するのが当然だ」という形で、肯定され、強調され、固定化された。自治体の行政のなかにも、「非常時に男女共同参画や男女平等などというのは非現実的だ」、「震災からの復旧・復興には男も女もない」、「男女共同参画の取り組みは、復旧・復興が一段落したら取り組めばよい」という雰囲気があった。ワーク・ライフ・バランスにいたっては、「被災直後の非常時にそんなことを言うのは非常識だ」という声が公然と聞かれた。これは、「男女共同参画は災害時の厳しい状況を克服する力にはなりえず、ゆとりのあるときに取り組む課題だ」、「『非常時』には、性別役割分担が必要だ」と考えているのと同じである。

性別役割分担で「非常時」を乗り切るという考えは、今回の震災で新たに登場したものではなく、戦後の日本の底流に一貫して見られたものであった。

戦後の日本は、戦後復興、欧米に追い付き・追い越せのスローガンのもとに達成された高度経済成長、その後の低成長とグローバルな経済戦争と、ずっと何らかの意味で「非常時」とみなされた時期が続いた。そしてこれらの「非常時」を乗り切るために底流で強調されてきたのが性別役割だった。

その典型は、家族に対する考え方に見られる。戦後長い間わが国では、「男性が一家の大黒柱となり、経済的にも精神的にも、家族を支え、家族のリーダーとなる一方で、女性はその男性を支え、家族のなかで、家事・育児・介護などのこまごまとした生活上必要なことを担うのが本来の家族のあり方だ」と考えられてきた。私たちの社会は、こうした片働き家族を形成することによって成り立つ仕組みをつくってきた。高度経済成長期、企業サイドは、年功序列型賃金制度と終身雇用制という雇用システムをつくり、家族の生計費を世帯主である夫に保障することで、この仕組みの形成に大きな役割を果たした。こうして強固な経済的力によって形成された片働き家族は、高度経済成長を達成する大きな力となったと同時に、「企業戦士」としての男性と「経済戦争の銃後を守る」女性というあらたな次元での性別役割システムとなって、一九七〇年代のオイルショック後の低成長を乗り切る力となった。

この時期、すでに見え始めていた高齢社会に対しても（一九七三年は「福祉元年」と言われた）、家族は「福祉の含み資産」と位置づけられ、社会福祉コストを抑える役割を担わされた。家族が福祉の主要な力となり、国がそれを補完するという主張は七〇年代末には「日本型福祉」論としてわが国の福祉政策の主柱となった。

こうしてわが国は、社会が負担すべき福祉を家族（＝家庭内の女性の無償労働）に依存して、右肩上がりの発展を続け、一九八〇年代のいわゆる「バブル経済」をもたらしたが、これは長くは続かなかった。片働き家族を理想とし、固定的性別役割によって支えられた社会は、家族の存立基盤そのものを必然的に揺るがせ、今日、少子高齢社会、家族をめぐる諸問題、格差拡大と貧困の深刻化、子どもと若者をめぐる諸問題など、多様な問題を噴出させている。

## ◆性別役割家族を超えたコミュニティの構築へ

震災後、薄れてきた家族のきずなが強まったとか、結婚紹介所の会員数や結婚指輪の売上げが伸びたことから、家族をつくることに後ろ向きだった人たちが結婚に前向きになった（白河桃子『震災婚』ディスカヴァー携書、二〇一一年）と言われている。実際には、二〇一一年の婚姻件数は前年より減少し（二〇一二年一月一日付、厚生労働省発表「人口動態統計」）、被災後、妻や家族を顧みない夫との間の亀裂がさらに深まって「震災離婚」が増加したが、震災直後の家族と連絡が取れなかった体験や、家や家族を失うなどの体験、被災下でひとり暮らすことへの不安が、家族とはなにかをあらためて考えるきっかけとなったことは確かであろう。

また、震災を体験することによって家族への思いが高まった背景には、「非常時に頼りになるのは家族だ、国はあてにならない」、「日本には、いざという時に頼りになる社会的セーフティネットがない」という思いもあったと思われる。実際、今回の震災は、社会のなかにあてになるセーフティネットがないこと、家族を究極のセーフティネットとして頼らざるを得ないというわが国の現状を浮き彫りにした。震災のずっと以前から、わが国では、片働き家族という典型から離れた生活をしているひとり親家族や要介護者を抱えたシングルたちは、仕事と生活の両立に困難を抱えていたが、今回の震災でも、その困難はより深刻さを増してたち表れた。しかし他方で、家族が「究極のセーフティネット」たりえないことも、今回の震災以前から明らかになっている。

一九九五年から毎年発表されている「今年を表す漢字」（日本漢字能力検定協会）は、阪神・淡路大震災の一九九五年は「震」、東日本大震災の二〇一一年は「絆」だった。「絆」という字は、東日本大震災を体験した人々の偽らざる気持ちを表したものと言えるが、それは家族への思いというよりはむしろ、家族を超えた地域と友愛の絆、さらには地域や国境を超えたネットワークへの思いであろう。

いざという時に頼りになるいかなるセーフティネットもないという状況は、災害にかかわりなく究極の「非常時」である。この「非常時」から抜け出すために、いまわが国に必要なのは、男女共同参画で「非常時」を脱出する、男女共同参画で災害からの復旧・復興に取り組むという新しい発想である。

今回の震災を機に、地域住民を支える組織として見直されている自治会で、女性の会長が増えつつあるという。これまで地域のリーダーは男性が中心であり、女性の地域リーダーの誕生は地域の男女共同参画の重要な課題とされてきたが、なかなか思うように進まなかった。今回の震災を契機に地域のリーダーを担う女性が増えつつあることは、これまでの固定的性別役割に支えられた地域の絆から、新たなコミュニティの絆への移行の兆しとも思われる。震災体験は、男女共同参画の前にあった壁を崩す地殻変動になるかもしれない。

### ◆男女共同参画で災害復興を

私たちの社会では今日でも、性別で役割や生き方を固定化すること（固定的性別役割）を原理とした制度や意識が、家族、職場、地域、政治の場、教育現場などいたるところで見られる。そのなかで女性たちは繰り返し、理不尽な処遇を受け、人権侵害や人間としての尊厳を踏みにじられる体験をしている。今日では、こうした固定的性別役割は、女性のみならず、性別や世代を問わず、広範な人々に対して生きにくさをもたらし、深刻な社会問題と閉塞感をもたらしている。

家族、とりわけ固定的性別役割を基盤にした片働き家族に依存した社会づくりが進められた結果、わが国では今日までずっと男女平等、男女共同参画の取り組みが後回しにされてきた。世界経済フォーラムが発表した二〇一一年のジェンダー・ギャップ指数は一三五か国中九八位だった。現在、わが国の男女共同参画の水準が国際的にみてもきわめて低い位置にとどまっているのは、こうした戦後日本のあり方の結果にほかならない。

わが国が直面している諸問題を社会の基盤のところから見直そうとする取り組みが男女共同参画社会を形成する動きである。一九九九年に制定された男女共同参画社会基本法の前文にあるように、いまや男女共同参画社会の形成は二一世紀の最重要課題と位置付けられるまでになっている。

二〇一〇年に策定された国の「第三次男女共同参画基本計画」では重点分野の第一四に、「地域、防災・環境その他の分野における男女共同参画の推進」として「防災における男女共同参画の推進」を掲げている。そこでは「施策の基本的方向」として「被災時には、増大した家庭的責任が女性に集中することなどの問題が明らかになっており、防災（復興）の取組を進めるに当たっては、男女のニーズの違いを把握して進める必要がある」こと、「これら被災時や復興段階における女性をめぐる諸問題を解決するため、男女共同参画の視点を取り入れた防災（復興）体制を確立する」とあり、続けて「具体的施策」として「ア　防災分野における女性の参画の拡大、イ　防災の現場における男女共同参画、ウ　国際的な防災協力における男女共同参画等」が挙げられている。

今回の大震災を受けて内閣府は、「東日本大震災への男女共同参画の視点を踏まえた被災者支援」（二〇一一年一月二〇日付）を発表した。そこでは、「男女のニーズの違い等男女双方の視点への配慮」「女性や子育てのニーズを踏まえる」「女性の参画の促進」「復興における女性の活躍の促進」などが、「男女共同参画の視点を踏まえた支援」として挙げられている。このように、国は「男女共同参画の視点」をもって防災・災害復興に取り組むこと、防災・災害復興には「男女共同参画の視点」が不可欠であると明言している。

男女共同参画の取り組みは、私たちの日常生活に対する取り組みである。男女共同参画に限らず福祉や教育など市民生活に直結した取り組みは、緊急の被災対策のなかでも続けられなければならない。なぜなら、被災したからといって市民の生活が中断されることはないからである。そのような取り組みは「非常時」の対策とは切り離してなされるべきことであってはならない。被災対策・非常時対策が終了した後に日常の生活支援対策が再開されるということであってはならない。むしろ、被災対策のなかに、日常の取り組みをいかに結びつけていくのか、これこそが重要である。

これまでみてきたように、被災地の女性たちは、今回の災害で、旧来の性役割を超えて、最も困難な時期に知恵を絞り、持てる力を駆使して、多方面にわたる被災者支援や復旧・復興に大きな力を発揮した。女性たちが災害復旧・復興の多様な力をもっていることは、すでに明らかである。女性のこうした力を正当に評価し、仕事や地域の対等の担い手として敬意を払い、対等の協働の仲間として処遇することなしに真の復旧・復興の実現は困難である。今回の災害の復旧・復興における男女共同参画の取り組みは、わが国と地域が男女平等社会を形成する試金石にもなるであろう。

＊＊＊

東日本大震災発生から一年が経過し、被災者も復旧の段階から復興への第二ステージに移行しつつある。そのなかで第二ステージ固有のさまざまな苦難に直面している被災者がいる他方で、いまだ復旧の段階にあり、復旧・復興の格差のなかで新たな苦悩に直面している被災者も大勢いる。復興の格差が被災地に暮らす被災者に複雑な影を落としている。復旧・復興から取り残されているのは社会的に弱い立場におかれている層の人々である。

複雑な災害からの復興・再構築は、なお多くの年月を必要とする。女性たちの被災女性への支援は、新たなステージで新たな形をとって、新たなネットワークを形成しつつ、男女共同参画社会形成の道のりと重ねて、これからも続けなければならない。

# ＊巻末資料＊

## ◆本書関係団体・グループ連絡先など

### ●みやぎ女性復興支援ネットワーク・みやぎジョネット

〒981-0911　仙台市青葉区台原 5-13-23　レジデンス台原 1F
電話・ファクス 022-233-2434
http://miyagi-jonet.blogspot.jp

### ●特定非営利活動法人ハーティ仙台

http://hearty1999.exblog.jp

### ●特定非営利活動法人イコールネット仙台

〒980-0011 仙台市青葉区上杉 6-2-25
電話・ファクス 022-234-3066
http://www.miyagi-npo.gr.jp/cgi-local/new_dir/part.cgi?id=30806

### ●性と人権ネットワーク ESTO (Sexualities and Human Rights Network ESTO)

〒010-8691 郵便事業（株）秋田支店 私書箱 32 号
メールアドレス esto@estonet.info　ファクス 050-1450-6768
電話 080-6049-8843（電話相談・イベント参加受付用、平日 20:00 ～ 22:00、土日祝 13:00 ～ 22:00）
http://estonet.info/

### ●河北新報社

〒980-8660 仙台市青葉区五橋 1-2-28
電話（大代表）022-211-1111
http://www.kahoku.co.jp

## ◆その他・関連団体などの連絡先、サイト

### ●東日本大震災女性支援ネットワーク

〒113-0023 文京区向丘 1-7-8
電話・ファクス 03-3830-5285
http://risetogetherjp.org

●「災害と女性」情報ネットワーク

（特定非営利活動法人女性と子ども支援センターウィメンズネット・こうべ制作）

http://homepage2.nifty.com/bousai/index.html

●男女共同参画局

男女共同参画の視点からの災害対応

http://www.gender.go.jp/saigai/index.html

●復興庁

http://www.reconstruction.go.jp

◆参考文献・資料（順不同）

●地方都市等における地震防災のあり方に関する専門調査会　第6回「災害時における女性のニーズ調査～なぜ防災・災害復興に女性の視点が必要か～」宗片恵美子委員の提出資料

http://www.bousai.go.jp/jishin/chubou/toshibu_jishin/6/1.pdf

『震災トラウマと復興ストレス』宮地尚子著、岩波ブックレット、2011年

『セクシュアルマイノリティ第2版――同性愛、性同一性障害、インターセックスの当事者が語る人間の多様な性』セクシュアルマイノリティ教職員ネットワーク編著、明石書店、2006年

『東日本大震災全記録――被災地からの報告』河北新報社著、河北新報出版センター、2011年

『河北新報のいちばん長い日――震災下の地元紙』河北新報社著、文藝春秋、2011年

『再び、立ち上がる！　河北新報社、東日本大震災の記録』河北新報社編集局著、筑摩書房、2012年

特集「震災と女性労働」『女性労働研究』56号、女性労働問題研究会編、2012年、青木書店

『災害復興　東日本大震災後の日本社会の在り方を問う――女性こそ主役に！』日本弁護士連合会編、日本加除出版、2012年

『被災地における性暴力～防止と対応のためのマニュアル』全米性暴力情報センター＆ルイジアナ州反性暴力財団発行、ウィメンズネット・こうべ翻

訳、2009 年（「災害と女性」情報ネットワークにて購入可能）
『災害と女性～防災・復興に女性の参画を～　資料編』ウィメンズネット・こうべ編、2005 年（「災害と女性」情報ネットワークにて購入可能）
『女たちが語る　阪神・淡路大震災』ウィメンズネット・こうべ編、1996 年（「災害と女性」情報ネットワークにて購入可能）
『地震は貧困に襲いかかる――「阪神・淡路大震災」死者 6437 人の叫び』いのうえせつこ著、花伝社、2008 年
『復興に女性たちの声を　「3・11」とジェンダー』村田晶子編著、早稲田大学出版部（早稲田大学ブックレット「震災後」に考えるシリーズ）、2012 年
『災害支援に女性の視点を！』竹信三恵子・赤石千衣子編、岩波ブックレット、2012 年
『こんな支援が欲しかった！～現場に学ぶ、女性と多様なニーズに配慮した災害支援事例集』東日本大震災女性支援ネットワーク、2012 年、無料ダウンロード可能
『3･11 女たちが走った 女性からはじまる復興への道』特定非営利活動法人日本 BPW 連合会編、ドメス出版、2012 年
『東日本大震災に伴う「震災と女性」に関する調査報告書』特定非営利活動法人イコールネット仙台、2012 年 9 月
『聞き取り集「40 人の女性たちが語る東日本大震災」』特定非営利活動法人イコールネット仙台、2013 年 2 月発行予定

# おわりに

東日本大震災が発生してから今日まで、被災地宮城に暮らす私たちは、被災地の時空と思いをともにした女性たちと寄り添いあい、支援をしあってきた。そのなかで実感したのは、被災当事者でなければできないことがあるということだった。当事者でなければできないこと、それは声をあげることである。全国にはその声に応えてくれたたくさんの女性たちがいた。私たちが支援を続けてこられたのは、全国の女性たちの支援があったからである。いちいちお名前をあげることはできないが、支援を寄せてくれた全国の皆さんに心から感謝したい。

浅野の長年の友人であり、今回の震災でもいち早く周囲の女性たちに呼び掛け、支援グループの中心メンバーとなって物資を送り続けてくれた生活思想社・五十嵐美那子さんは本書の出版企画に即座に賛意を示してくれた。厳しい出版事情のなかで、快く出版を引き受けてくれた彼女にも感謝したい。

本書は、震災前からのそれぞれの活動と仕事を続けつつ、支援と震災復興の取り組みに奔走しているなかで書かれた。その意味では、本書は、今なお続く支援と復興の道半ばにして書かれたものであって、女性支援のすべてが網羅されているとは考えていない。不十分な点も多々あると思う。お気づきの点は出版社にお寄せいただければ幸いである。また、今回の震災によって噴出した、原発事故による放射能汚染問題、震災と貧困問題、震災と子どもの問題など、多くの問題についても、本書では立ち入ることはできなかった。男女共同参画の視点からそれらの問題に関する発言が全国各地からなされることを期待している。

さいごに、被災された女性たちへ。本書は皆さんの声を反映したものになっているだろうか。私たちは、支援するとは、支援する側に大きな力をもたらすものだということを身をもって学んだ。遅々として進まない復旧・復興の第二ステージにおいても、さらなる困難が次々とたちはだかり、新たなニーズ、さまざまな課題が生まれている。被災地から全国へともに声をあげつづけ、いま以上に、新たな支援と新たな力が拡がることを願っている。

各地で地震が続く、東日本大震災から一年を経過した二〇一二年三月一四日に

執筆者一同

## 執筆者紹介 五十音順・所属は2012年4月現在

**＊浅野富美枝**(あさの・ふみえ)
宮城学院女子大学教授（家族社会学）
特定非営利活動法人イコールネット仙台 理事、気仙沼市男女共同参画審議会委員、登米市男女共同参画審議会委員、栗原市男女共同参画推進委員会委員、財団法人みやぎ婦人会館理事

**＊伊藤利花**(いとう・りか)
栗原市職員
自治労宮城県本部中央副執行委員長、栗原市職員労働組合執行委員長

**＊内田有美**(うちだ・ゆみ)
性と人権ネットワークESTO正会員、仙台市男女共同参画推進センター エル・パーク仙台 市民活動スペース スタッフ

**＊佐藤理絵**(さとう・りえ)
河北新報社教育プロジェクト事務局部長、元論説委員
仙台市男女共同参画推進審議会委員、宮城県民間非営利活動促進委員会委員

**＊須藤明美**(すとう・あけみ)
宮城登米えがおねっと 代表、水稲・畜産農家、登米市の医療を考える会会長、登米市男女共同参画審議会委員
元登米市男女共同参画条例策定委員、元第2次登米市男女共同参画基本計画策定委員会委員長

**＊宗片恵美子**(むなかた・えみこ)
特定非営利活動法人イコールネット仙台 代表理事、仙台市男女共同参画推進センター エル・パーク仙台 市民活動スペース スタッフ
中央防災会議「災害時の避難に関する専門調査会」津波防災に関するワーキンググループ 委員、中央防災会議「防災対策推進検討会議」委員
元仙台市震災復興検討会議委員、元中央防災会議「地方都市等における地震防災のあり方に関する専門調査会」委員

**＊やはたえつこ**(八幡悦子)
特定非営利活動法人ハーティ仙台 代表理事、みやぎジョネット代表、特定非営利活動法人チャイルドラインみやぎ 理事、公益財団法人せんだい男女共同参画財団 理事

**＊山田優貴**(やまだ・ゆうき)
元宮城学院女子大学学生

生活思想社ホームページ
http://seikatusisosya.life.coocan.jp

女たちが動く
東日本大震災と男女共同参画視点の支援

2012年5月10日　第1刷発行
2013年2月10日　第2刷発行
2016年11月25日　第3刷発行

編著者　みやぎの女性支援を記録する会

発行者　五十嵐美那子
発行所　生活思想社
〒162-0825 東京都新宿区神楽坂2-19　銀鈴会館506号
電話・FAX　03-5261-5931
郵便振替　00180-3-23122

印刷・製本　モリモト印刷株式会社
落丁・乱丁本はお取り替えいたします。
©2012 みやぎの女性支援を記録する会 Printed in Japan
ISBN 978-4-916112-23-1 C0036

生活思想社

★女性たちの支援する・される力はいかに形成されたのか

●浅野富美枝　著

みやぎ3・11
「人間の復興」を担う女性たち

戦後史に探る力の源泉

2200円(税別)　A5判・並製256頁

女性視点の支援が本格的に展開された3・11。女性・生活・地域に視点をおき、現場からひもとく研究提言。